"十四五"时期国家重点出版物出版专项规划项目
现代土木工程精品系列图书

寒区隧道冻融损伤研究

Study on Tunnel Damage in
Cold Region Under Freeze-Thaw Cycle

王琼 著

哈尔滨工业大学出版社
HARBIN INSTITUTE OF TECHNOLOGY PRESS

内 容 简 介

本书以寒区隧道为工程依托,对寒区围岩冻融损伤规律、温度场分布及隧道冻胀变形规律开展研究工作,主要包括以下研究内容。

第 1 章对寒区隧道的冻融损伤破坏的研究背景进行了初步分析;第 2 章采用室内冻融循环实验和单轴抗压强度实验探讨了寒区非饱和砂岩、饱和砂岩的单轴抗压强度、弹性模量随着冻结温度、饱和度和冻融循环次数的变化规律,以及冻融循环作用下砂岩微观结构的劣化损伤和力学性质变化;第 3 章基于文献查阅数据中长期的现场监测结论建立了围岩温度随距离入口深度的变化规律;第 4 章通过归纳总结围岩—支护体系的冻融循环机理,建立了不同饱和度工况下围岩的损伤本构变化规律,并进行破坏分析;第 5 章利用有限元软件计算分析,得到了围岩在不同循环次数工况下,寒区隧道的冻害破坏范围及破坏规律。第 6 章提出了寒区隧道的冻融损伤防治技术,对其设计、施工以及运营维护都起到一定的参考作用。

本书可供从事寒区隧道相关的勘察、设计施工的技术人员及高等院校相关师生参考使用。

图书在版编目(CIP)数据

寒区隧道冻融损伤研究/王琼著. —哈尔滨:哈尔滨工业大学出版社,2024.7. —(现代土木工程精品系列图书). —ISBN 978-7-5767-1559-0

Ⅰ.U457

中国国家版本馆 CIP 数据核字第 2024Z1E282 号

策划编辑	许雅莹
责任编辑	王 丹 张 权
封面设计	刘 乐
出版发行	哈尔滨工业大学出版社
社　　址	哈尔滨市南岗区复华四道街 10 号　邮编 150006
传　　真	0451—86414749
网　　址	http://hitpress.hit.edu.cn
印　　刷	哈尔滨博奇印刷有限公司
开　　本	720 mm×1 000 mm　1/16　印张 8.5　字数 139 千字
版　　次	2024 年 7 月第 1 版　2024 年 7 月第 1 次印刷
书　　号	ISBN 978-7-5767-1559-0
定　　价	58.00 元

(如因印装质量问题影响阅读,我社负责调换)

前　言

冻害一直制约着寒区隧道的建设和发展，由隧道围岩冻融损伤引发的冻害问题比比皆是，常见的隧道冻害有衬砌开裂、顶部挂冰、渗漏水和道路结冰等，严重时，衬砌开裂并在边墙形成纵向裂缝，发生错台。因此，寒区隧道的冻融损伤特性是寒区隧道建设所关注的重点。

本书紧密结合寒区实际工程，针对寒区不同温度场下不同含水量、不同循环次数的围岩中隧道冻害影响开展研究，包括以下研究内容。

（1）查阅国内外寒区围岩中隧道的冻害特征、岩体地质勘查资料，收集依托工程的隧道设计、隧洞及围岩温度场分布数据等资料，并进行对比分析。

（2）对寒区典型的砂岩进行钻孔取芯，完成岩石的冻融循环实验和单轴抗压强度的测试分析，推导得到围岩的弹性模量与冻结温度、饱和度和循环次数的变化规律。

（3）利用微观损伤机理，根据围岩的冻融循环数据，得到围岩的损伤破坏规律，并对冻融循环次数对隧道冻害的影响进行了分析。

（4）利用有限元分析软件开展寒区隧道稳定性模拟分析。总结了围岩温度场变化规律，探讨了不同饱和度、不同冻融循环次数下的围岩冻胀变形及衬砌的受力情况。

（5）通过归纳和总结，对研究成果进行提炼，为我国相关类似工程提供参考，也为今后相关规范的完善提供理论基础和依据。

由于作者水平有限，书中不妥之处在所难免，敬请读者批评指正。

作　者

2024 年 6 月

目 录

第1章 研究背景 ·· 1
  1.1 寒区隧道冻害 ··· 1
  1.2 国内外研究现状 ·· 3
  1.3 研究内容及方法 ·· 5

第2章 砂岩冻融损伤实验研究 ··· 8
  2.1 实验设备及设计方案 ·· 8
  2.2 砂岩物理力学性质分析 ··· 10
  2.3 本章小结 ·· 20

第3章 寒区隧道模型及温度场的建立 ·· 21
  3.1 黑龙江省寒区隧道冻害统计 ··· 21
  3.2 雾凇岭隧道温度场分析 ··· 23
  3.3 围岩温度场分布 ··· 30
  3.4 寒区隧道有限元模型的建立 ··· 32
  3.5 本章小结 ·· 35

第4章 不同饱和度围岩隧道冻害分析 ·· 36
  4.1 围岩参数的确定 ··· 36
  4.2 围岩饱和度为100%工况分析 ·· 37
  4.3 围岩饱和度为80%工况分析 ··· 44
  4.4 围岩饱和度为60%工况分析 ··· 51
  4.5 围岩饱和度为40%工况分析 ··· 59
  4.6 围岩饱和度为20%工况分析 ··· 66
  4.7 本章小结 ·· 73

第 5 章 不同冻融循环次数工况下寒区隧道冻害分析 ·················· 74
  5.1 砂岩损伤分析 ··· 74
  5.2 冻融循环 4 次工况隧道围岩分析 ·································· 82
  5.3 冻融循环 8 次工况隧道围岩分析 ·································· 90
  5.4 冻融循环 12 次工况隧道围岩分析 ································· 98
  5.5 冻融循环 16 次工况隧道围岩分析 ································· 106
  5.6 本章小结 ··· 114

第 6 章 隧道冻融损伤防治技术 ··· 115
  6.1 隧道防排水技术 ·· 115
  6.2 寒区隧道防寒保温措施 ··· 119
  6.3 低温混凝土施工 ·· 121
  6.4 寒区隧道施工设备选择 ··· 123
  6.5 本章小结 ··· 124

参考文献 ·· 125

第 1 章　研究背景

1.1　寒区隧道冻害

从定义上讲,寒区就是寒冷的地方,分为寒冷地区和严寒地区。把每年最冷月均温度在 0～10 ℃之间且最冷日均温度不大于 5 ℃的天数在 90～145 d 的地区称为寒冷地区;每年最冷月均温度不大于 −10 ℃且最冷日均温度不大于 5 ℃的天数不少于 145 d 的地区称为严寒地区[1]。寒区面积占我国陆地面积的 75%,寒区中季节性冻土区面积约占我国陆地面积的 55%[2]。其中季节性冻土主要集中在北方地区,包括西北、东北、华北、华中部分地区;永久性冻土则主要集中在黑龙江省和内蒙古自治区东部高纬度地区以及西北、西南高原和山岭地区,如大兴安岭、小兴安岭、新疆天山、青藏高原等[3]。

根据统计分析来看,寒区隧道在建设及运营过程中仍然存在大量冻害。在冻结岩土中的水冻胀及融沉的双重作用下,隧道衬砌会出现顶板沉降、边墙碎裂和路面沉陷等多种灾害,甚至会出现隧道衬砌主体结构报废或运营期间发生重大安全事故的案例。在俄罗斯、日本、北美和北欧等地的高寒冻土地区,寒区隧道由于冻害而产生的破坏仍然很普遍。日本约有 30% 的隧道曾经产生过严重的冻害,仅北海道地区的 302 座隧道中,就有 104 座公路隧道发生过严重冻害,给寒区隧道的设计、施工和运营带来了很大危害。寒区隧道在设计中,为了避免衬砌冻害破坏,增设了多处的防水装置、保温装置及措施,浪费了大量的财力和物力[4]。随着我国交通工程的迅速发展,隧道的数量和规模都在迅速增加。据统计,截至 2023 年末,我国已运营铁路隧道达 18 573 座,总长度为 23 508 km,目前正在建设中的铁路隧道大约有 2 668 座,总长度约为 7 110 km;公路隧道为 24 850 座,累计长度为 26 784 km[5]。我国在寒区兴建了大量的公路隧道和铁路隧道,隧道冻害问题时有发生。通过对冻结温度、冻土类型和冻结时长各因素的综合分析，我国的寒区隧道工程冻害可以分为3类[6]。其中，Ⅲ类重冻害区主要位于高海拔、高纬度地区，在该类冻害区中，有的隧道完工后很短时间内就因为出现冻害而需进行维修加固，甚至出现完全报废的现象。青海国道227线的大坂山隧道受冻害影响，二次衬砌出现了较密集的裂缝，最宽处裂缝达3 cm，最长裂缝则为15 m，混凝土剥落、掉块也时有发生，如图1.1所示；兰新二线的祁连山隧道在施工期间也发生了严重的隧道冻害，由于渗水严重，出现了罕见的挂冰、冰柱现象，如图1.2所示[7]。

图1.1　大坂山隧道混凝土冻胀剥落

图1.2　祁连山隧道洞内渗漏水挂冰

综合寒区隧道冻害分析来看，一般认为隧道衬砌周围一定深度范围内的围岩形成冻结圈，冻结圈范围内的岩石孔隙均匀且饱和，则冻结圈范围内的水冻成冰以后将整体膨胀，从而对隧道衬砌产生冻胀力。寒区围岩的冻胀特性严重影响着基础设施的安全，制约着寒区的开发建设。对于寒区隧道而言，冻胀的发生意味着隧道衬砌要承受更大的荷载和变形，当超过隧道衬砌所能承受的最大荷载和变形时，冻害就会发生。

1.2 国内外研究现状

1.2.1 冻融岩石物理力学实验研究现状

寒区隧道围岩的饱和砂岩在经历多次冻融循环后，主要表现为岩石的裂隙发生、扩散及发展，致使岩石的孔隙度增加，相应的力学指标参数也会随着冻融循环次数的增加而减少，甚至围岩失效，对隧道衬砌产生更大的危害，所以隧道围岩冻融损伤后的物理力学性质对于寒区隧道的研究具有重要的意义。

有多位学者进行了岩石冻融循环实验的研究。武汉理工大学谌彪[8]以花岗岩为研究对象，冻融循环次数为变量因素，对花岗岩进行冻融循环实验并对冻岩损伤演化过程进行研究。西安科技大学申艳军等[9]进行了岩石冻融循环实验建议性方案的探讨，为冻融循环指标选取及标准化实验方案建立提供了技术借鉴。中国地质大学方云等[10]进行了云冈石窟砂岩冻融循环实验研究，分析了冻融循环条件下云冈石窟砂岩的主要物理力学特性。路亚妮等[11]采用具有不同几何特征的闭合裂隙类砂岩模型试样，进行了冻融后的单轴压缩实验，开展了不同裂隙倾角、不同裂隙长度的岩石试样对冻融砂岩强度及破坏形态影响的研究。泮晓华等[12]以中粒砂岩和微粒砂岩为研究对象，通过开展冻融循环实验，对不同孔隙砂岩抗冻融特性进行了研究，并分析了该方法的改善机理。吴冠男[13]以含圆弧状裂隙类砂岩试样为研究对象，开展了冻融循环条件下含圆弧状裂隙类岩石的裂纹扩展机理和力学特性研究。Zhang等[14]利用连续介质模型对冻融循环作用下岩石破坏特性进行了研究。Sondergeld等[15]对经冻融作用的砂岩的剪切率、电阻系数和压缩系数等物理性质表征量进行了测定。Park等[16]对不同温度下的花岗岩与砂岩的热力学参数变化进行实验，探明了岩石导热系数与温度的关系。徐光苗等[17]对岩石单轴压缩实验结果进行研究，获得岩石宏观唯象力学参数随冻融循环次数变化的规律。刘红岩等[18]经过实验得出数据，并分析得出结论：岩石的弹性模量随着冻融循环次数的增加而减小。何国梁等[19]对不同饱和度的砂岩进行冻融循环实验，探究了冻融循环次数对岩石质量变化的作用机理。杨更社等[20]控制温度与围压两个变化参量对三轴压缩强度的影响进行研究。周科平等[21]对花岗岩进行冻融循环实验、核磁共振实验与单轴压缩实验,确认了岩石物理和力学性质随着冻融循环次数的变化而变化的规律。母剑桥等[22]通过对3种岩石进行冻融循环实验及扫描电子显微镜(scanning electron microscope,SEM)实验,分析了3种岩石的物理性质和力学性质。罗学东等[23]对4种岩石试样进行冻融循环实验,探讨了其物理性质和力学性质随冻融循环次数变化的规律。闻磊等[24]对花岗斑岩和灰岩2种岩石分别进行了冻融循环实验,研究了该种岩石的物理性质和力学性质随冻融循环次数变化的规律。林战举等[25]进行了碎屑岩、泥岩和砂岩的冻融循环实验,对3种岩石的力学性能进行了系统分析,得到了其力学参数随着冻融循环次数变化的规律。王章琼[26]采用冻融循环实验、电子计算机断层扫描(computerd tomography,CT)实验等多实验方法联合应用,对十房高速某隧道片岩的力学性质进行了研究与探讨。王鹏等[27]采用冻融循环实验的方法,归纳总结了岩石力学指标随饱和度和冻融循环次数变化的规律。

1.2.2 寒区隧道研究现状

寒区隧道围岩及混凝土支护结构冻融损伤问题对寒区隧道结构的稳定和使用安全造成了一定程度的影响,由隧道围岩冻胀引发的冻害问题形式多样,种类繁多,其中最常见的形式有衬砌开裂、顶部挂冰、渗漏水和道路结冰等现象,个别区域隧道围岩含水量大,季节性低温时会有衬砌开裂并在边墙形成纵向裂缝,发生错台。

马志富等[28]通过调研、分析和现场测试等方法,对双丰隧道进行研究,得到寒区隧道洞内温度场分布规律。为了明确设计时设防长度选取标准,于丽等[29]给出了衬砌层和围岩不出现冻害的临界洞内温度,提出了1种寒区隧道抗冻设防长度的计算方法。高越[30]采用核磁共振和声波检测技术对隧道围岩力学特性进行测试,得到了冻融作用下的围岩损伤机制。季节性冻土区长期冻融循环造成寒区隧道易进入塑性状态,张常光等[31]通过研究给出相应的弹性解答,分析了冻融循环、不均匀冻胀的影响规律,为季节性冻土区隧道设计提供一定的理论依据。李中英等[32]以某寒区隧道工程为背景,研究了应力的时变规律,认为隧道可靠性会逐渐下降。针对寒区隧道冻害问题,陶琦[33]通过现场实测和数值模拟方法开展研究,提出了寒区隧道电热膜加热理念,为寒区冻融损伤砂岩保温提供了新方法。吴剑等[34]以雀儿山隧道为例,研究了低温影响下隧道衬砌开裂、挂冰等问题,给出了保温层设防长度,同时引入环境影响量,对经验公式进行修正。傅金阳等[35]通过数值模拟方法与现场实测方法对混凝土开裂进行研究,结合有限元分析软件模拟了混凝土多场耦合作用下的裂缝扩展过程,最终得到温湿变化耦合作用对表面裂缝扩展的影响规律,同时明确了负温环境和温度应力是隧道表面混凝土衬砌开裂的重要影响因素之一。马志富等[36]通过研究得到隧道地下水防冻(融)是核心,结构抗冻是重点,其中结构抗冻可采取设置保温层防冻的措施。宋捷等[37]认为寒区隧道排水沟出口防冻设计是隧道排水系统设计的重要组成部分,他分析了寒区隧道排水沟出口形式以及设计要点,研究得到端墙式隧道排水沟具有防冻较好、检查与养护方便的特点。舒佳军等[38]根据弹性力学和断裂力学并结合冻胀力现场观测结果得到宏观缺陷发生冻胀破坏判据,以此为基础研究了微观孔隙和宏观节理冻胀破坏规律,得到了节理冻胀破坏临界温度随长度和隧道半径增大而增大的特点。

为了更好地处理隧道冻害问题,近年来国内外学者进行了大量研究。从研究现状分析来看,国内外学者在微观岩石损伤力学与冻融岩石物理及力学实验研究方面已取得很多成果,对寒区隧道的冻胀性也进行了诸多研究,但很少有学者综合分析冻融损伤机理的同时将它应用于不同温度场下,对围岩产生冻胀时隧道的综合反应进行研究。

1.3　研究内容及方法

1.3.1　研究内容

本书以黑龙江省雾凇岭隧道为工程依托,采用文献调研、实验室实验、理论分析、数值模拟和归纳总结等相结合的研究方法,对寒区围岩冻融损伤规律、温度场分布和隧道冻胀变形规律开展研究工作,主要研究内容包括以下几个方面。

(1)采用室内冻融循环实验和单轴抗压强度实验探讨了寒区非饱和砂岩、

饱和砂岩的单轴抗压强度、弹性模量随着冻结温度、饱和度和冻融循环次数的变化规律，以及冻融循环作用下砂岩微观结构的劣化损伤和力学性质变化。

（2）围岩出现负温是寒区隧道发生冻害的基本前提条件和决定因素，本书研究基于长期的现场监测结论建立了围岩温度随距离入口深度的变化规律。

（3）通过归纳总结围岩—支护体系的冻融循环机理，建立了不同冻融循环次数下围岩的损伤本构变化规律。利用有限元分析软件计算分析，得到了围岩在不同饱和度、不同循环次数工况下，寒区隧道的冻害破坏范围及破坏规律。

1.3.2 研究方法

本书紧密结合寒区实际工程，综合采用文献调研、实验室实验、理论分析、数值模拟和归纳总结等相结合的研究方法，针对寒区不同温度场下不同含水量、不同循环次数的围岩中隧道冻害情况开展研究，主要研究方法如下。

（1）文献调研。

查阅大量国内外寒区围岩中隧道的冻害特征、围岩地质勘查资料，收集依托工程的隧道设计、隧洞及围岩温度场分布数据等资料，并进行对比分析，在此基础上制订研究计划。

（2）实验室实验。

对寒区典型的砂岩进行钻孔取芯，完成岩石的冻融循环实验和单轴抗压强度的测试分析，推导得到围岩的弹性模量与冻结温度、饱和度和循环次数的变化规律。

（3）理论分析。

利用微观损伤机理，根据围岩的冻融循环数据，得到围岩的损伤破坏规律，并对冻融循环次数对隧道冻害的影响进行分析。

（4）数值模拟。

利用有限元分析软件开展寒区隧道稳定性模拟分析。总结了围岩温度场变化规律，探讨了不同饱和度、不同冻融循环次数下的围岩冻胀变形及衬砌的受力情况。

（5）归纳总结。

通过归纳总结，对研究成果进行提炼，为我国相关类似工程提供参考，也为今后相关规范的完善提供理论基础和依据。

冻融循环条件下寒区隧道损伤研究的基本思路如图 1.3 所示。

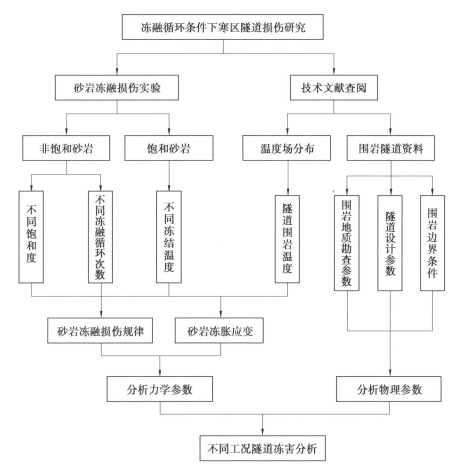

图 1.3　冻融循环条件下寒区隧道损伤研究的基本思路

第 2 章　砂岩冻融损伤实验研究

2.1　实验设备及设计方案

2.1.1　实验砂岩试样

实验所需砂岩试样取自黑龙江省鸡西市，均是通过自动取样机采用水钻法钻取所得，并依据国际砂岩协会以及国内砂岩实验方法标准规程，对所取砂岩试样用切割机进行切割制成圆柱形标准试样，并选用表面无缺痕和裂隙的 39 个砂岩试样，如图 2.1 所示。

图 2.1　砂岩试样

2.1.2　实验设备

实验主要由两部分组成，即测量砂岩的物理性质和力学性质。砂岩基本物理参数主要是测量砂岩试样不同状态下的含水量、质量，其采用的设备主要有快速冻融循环实验机(图 2.2)、电子秤、胶头滴管、水槽和土工三轴乳胶膜[39]，物理参数测量设备如图 2.3 所示。

图 2.2　快速冻融循环实验机

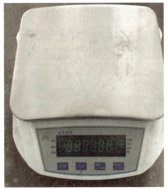

图 2.3　物理参数测量设备

砂岩的力学性能主要是对不同工况下砂岩的单轴抗压强度进行测量,进而获取其损伤变化规律,所采用的设备为 WA－600B 型万能实验机,如图 2.4 所示。

图 2.4　WA－600B 型万能实验机

2.1.3 实验设计

(1)冻融循环次数。

根据实际工程需要及寒区工程的特点,考虑实验温度和时间间隔等因素,确定冻融循环次数为5次和15次。

(2)冻融循环温度变化区间。

根据我国西部和东北等地区实际工程所积累的数据,并考虑自然环境的相关因素,可知冻融循环时温度变化区间的设置对砂岩力学性质的影响占比较大,因此,将冻融最低温度设定为−10 ℃、−18 ℃、−25 ℃,升温融化温度均为10 ℃。

(3)试样含水量。

为研究砂岩不同含水量对其力学性质的影响,实验过程中,将砂岩试样分为4组进行。将砂岩浸泡在水中24 h,使其达到完全饱和,可以得到其最大含水量(饱和度为100%),通过计算分析饱和状态下,砂岩试样的含水量为6%。将砂岩试样烘干,制成饱和度为0%、含水量为0%的砂岩试样;用橡皮膜密封砂岩试样,加水制成含水量为3%的砂岩试样,计算可得到其饱和度为50%;加水制成含水量为4%的砂岩试样,其饱和度为67%。本章实验主要对饱和度为0%、50%、67%和100%的4组砂岩试样进行冻融循环损伤研究。

2.2 砂岩物理力学性质分析

2.2.1 物理参数的确定

利用天平、游标卡尺等实验设备,测得各组砂岩试样的基本物理参数,见表2.1。

第 2 章 砂岩冻融损伤实验研究

表 2.1 实验所用砂岩试样的基本物理参数

试样编号	岩性	质量/g	体积/cm³	干密度/(g·cm⁻³)	目标含水量 w/%
1	砂岩	408.5	196.25	2.08	0
2	砂岩	410.0	196.25	2.09	0
3	砂岩	409.5	196.25	2.09	0
4	砂岩	431.0	196.25	2.20	3
5	砂岩	432.5	196.25	2.20	3
6	砂岩	408.0	196.25	2.08	3
7	砂岩	430.5	196.25	2.19	4
8	砂岩	434.5	196.25	2.21	4
9	砂岩	431.0	196.25	2.20	4
10	砂岩	436.0	196.25	2.22	6(饱和)
11	砂岩	411.0	196.25	2.09	6(饱和)
12	砂岩	437.0	196.25	2.23	6(饱和)
13	砂岩	403.9	196.25	2.05	0
14	砂岩	408.6	196.25	2.08	0
15	砂岩	409.0	196.25	2.08	0
16	砂岩	409.2	196.25	2.09	3
17	砂岩	408.1	196.25	2.08	3
18	砂岩	408.0	196.25	2.08	3
19	砂岩	405.9	196.25	2.07	4
20	砂岩	407.7	196.25	2.08	4
21	砂岩	408.1	196.25	2.08	4
22	砂岩	406.9	196.25	2.07	0
23	砂岩	407.4	196.25	2.08	0
24	砂岩	407.7	196.25	2.08	0
25	砂岩	408.4	196.25	2.08	3
26	砂岩	408.0	196.25	2.08	3
27	砂岩	407.8	196.25	2.08	3

续表2.1

试样编号	岩性	质量/g	体积/cm³	干密度/(g·cm⁻³)	目标含水量 w/%
28	砂岩	406.1	196.25	2.07	4
29	砂岩	403.1	196.25	2.05	4
30	砂岩	409.3	196.25	2.09	4
31	砂岩	409.6	196.25	2.09	6(饱和)
32	砂岩	406.4	196.25	2.07	6(饱和)
33	砂岩	408.6	196.25	2.08	6(饱和)
34	砂岩	406.9	196.25	2.07	6(饱和)
35	砂岩	408.8	196.25	2.08	6(饱和)
36	砂岩	407.8	196.25	2.08	6(饱和)
37	砂岩	406.7	196.25	2.07	6(饱和)
38	砂岩	407.1	196.25	2.07	6(饱和)
39	砂岩	408.1	196.25	2.08	6(饱和)

2.2.2 未饱和砂岩冻融损伤研究

为了研究不同饱和度的砂岩在冻融荷载作用下对砂岩试样力学性能的影响,分别制备了3组(每组3个)非饱和砂岩试样,其饱和度分别为0%(干燥)、50%、67%。在常温无冻融条件下,计算砂岩的单轴抗压强度,其力学性质见表2.2。

表 2.2 常温无冻融条件下砂岩力学性质

试样编号	岩性	饱和度/%	极限压力/kN	单轴抗压强度/MPa	平均单轴抗压强度/MPa	弹性模量/GPa	平均弹性模量/GPa
1	砂岩	0	156.65	79.84		44.71	
2	砂岩	0	162.06	82.60	79.66	44.50	43.99
3	砂岩	0	150.19	76.55		42.77	

续表2.2

试样编号	岩性	饱和度/%	极限压力/kN	单轴抗压强度/MPa	平均单轴抗压强度/MPa	弹性模量/GPa	平均弹性模量/GPa
4	砂岩	50	129.00	65.75		31.76	
5	砂岩	50	135.30	68.96	67.83	32.25	33.06
6	砂岩	50	134.97	68.79		35.17	
7	砂岩	67	122.04	62.20		26.42	
8	砂岩	67	116.31	59.28	60.51	26.42	26.18
9	砂岩	67	117.82	60.05		25.71	

利用快冻实验箱,设置冻结温度为-25 ℃,分别进行5次冻融循环和15次冻融循环实验,并在冻融循环结束之后对各组试样进行单轴抗压强度测试,对数据进行对比分析,可得到不同饱和度工况下,砂岩试样的性质损伤变化规律。具体力学性质见表2.3和表2.4。

表2.3 砂岩5次冻融循环之后的力学性质

试样编号	岩性	饱和度/%	极限压力/kN	单轴抗压强度/MPa	平均单轴抗压强度/MPa	弹性模量/GPa	平均弹性模量/GPa
21	砂岩	0	131.63	67.09		39.99	
20	砂岩	0	140.89	71.81	69.05	38.32	39.51
23	砂岩	0	133.93	68.26		40.23	
27	砂岩	50	102.00	51.99		24.03	
29	砂岩	50	98.53	50.22	50.63	26.86	25.18
30	砂岩	50	97.47	49.68		24.65	
31	砂岩	67	72.08	36.74		24.43	
32	砂岩	67	71.81	36.6	36.92	23.41	23.15
33	砂岩	67	73.44	37.43		22.62	

表 2.4 砂岩 15 次冻融循环之后的力学性质

试样编号	岩性	饱和度/%	极限压力/kN	单轴抗压强度/MPa	平均单轴抗压强度/MPa	弹性模量/GPa	平均弹性模量/GPa
16	砂岩	0	118.09	60.19		35.76	
17	砂岩	0	127.39	64.93	62.97	33.17	36.35
18	砂岩	0	125.16	63.79		40.11	
19	砂岩	50	69.45	35.4		22.11	
22	砂岩	50	68.91	35.12	35.82	22.53	21.53
24	砂岩	50	72.50	36.95		19.94	
25	砂岩	67	44.15	22.5		13.10	
26	砂岩	67	46.48	23.69	23.12	11.96	13.44
28	砂岩	67	45.48	23.18		15.27	

通过不同饱和度试样在不同冻融循环荷载作用下的力学参数可以看出,砂岩随着饱和度的增加,单轴抗压强度和弹性模量均减小。随着冻融循环次数的增多,砂岩的损伤程度逐渐增强。从砂岩的破坏现象来看,在无冻融荷载作用下,饱和度为 50% 的砂岩单轴压缩实验中产生的破坏形式为柱状劈裂破坏,如图 2.5 所示;而在冻融循环 15 次后,饱和度为 67% 的砂岩单轴压缩破坏形式为斜截面剪切破坏,如图 2.6 所示。

图 2.5 无冻融荷载作用下,饱和度为 50% 的砂岩的破坏形式

由图 2.5 和图 2.6 可以看出,未受到冻融循环荷载作用的砂岩力学性质主要表现为硬岩的状态;而多次冻融循环作用下受到损伤的砂岩力学性质表现为软岩的状态。

图 2.6 冻融循环 15 次后,饱和度为 67% 的砂岩的破坏形式

在砂岩的冻融损伤实验中,综合进行了不同饱和度和不同循环次数的正交实验,为了分析各因素的影响,分别取其为变量进行分析。

(1)饱和度影响分析。

由表 2.2、表 2.3 和表 2.4 可以看出,在相同冻融循环次数下,砂岩的力学性质随着饱和度的增加,其损伤程度增强(极限压力越小,损伤程度越高)。对各组数据试样进行线性拟合,可得到各工况下饱和度对平均单轴抗压强度和平均弹性模量的影响规律,如图 2.7 和图 2.8 所示。

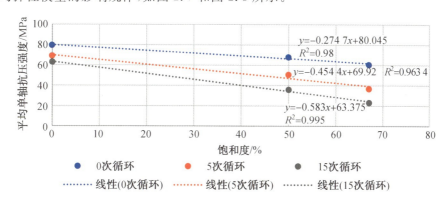

图 2.7 饱和度对平均单轴抗压强度的影响规律

由图 2.7 可以看出,饱和度对不同冻融循环作用下砂岩产生的影响不同。在常温无冻融损伤工况下,砂岩的平均单轴抗压强度随饱和度的增加而减小,说明该砂岩成分中含有一定量的可溶矿物,导致平均单轴抗压强度受到含水量的影响。采用线性拟合的方式预测不同饱和度对平均单轴抗压强度影响的趋势,其表达式为 $y=-0.274\ 7x+80.045$,决定系数 $R^2=0.98$;经历 5 次冻融循环后,不同饱和度对平均单轴抗压强度影响的表达式为 $y=-0.454\ 4x+$

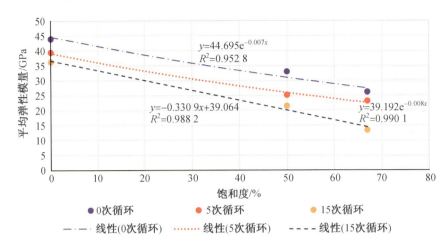

图 2.8 饱和度对平均弹性模量的影响规律

$69.92, R^2=0.963\,4$;经历 15 次冻融循环后,$y=-0.583x+63.375, R^2=0.995$。3 组拟合曲线的决定系数均大于 0.9,说明拟合相关性非常强,所以平均单轴抗压强度与饱和度呈线性下降的趋势。

以饱和度为横坐标,平均弹性模量为纵坐标,对影响趋势线进行拟合分析。常温无冻融损伤工况下,采用指数拟合方式,决定系数 $R^2=0.952\,8$,其表达式为 $y=44.695\mathrm{e}^{-0.007x}$。通过图 2.8 可以看出,随着饱和度的增加,砂岩的平均弹性模量逐渐减小,其原因是砂岩中存在遇水软化的矿物,致使该砂岩的平均弹性模量减小。冻融循环 5 次后,砂岩的平均弹性模量随饱和度的增加而减小,变化趋势为 $y=39.192\mathrm{e}^{-0.008x}, R^2=0.990\,1$。冻融循环 15 次后,砂岩的平均弹性模量随着饱和度的增加,趋势线表达式为 $y=0.330\,9x+39.064, R^2=0.988\,2$。

(2)冻融循环次数影响分析。

由表 2.2、表 2.3 和表 2.4 可以看出,在相同饱和度工况下,砂岩的力学性质随着冻融循环次数的增加,其损伤程度增强。对各组试样数据进行拟合,可得到冻融循环次数对平均单轴抗压强度、平均弹性模量的影响规律,如图 2.9 和图 2.10 所示。

由图 2.9 可以看出,砂岩的平均单轴抗压强度随着冻融循环的次数增加而减少。当砂岩饱和度为 0 时,在冻融损伤状态下,砂岩的平均单轴抗压强度与

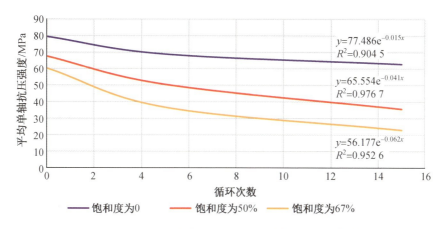

图 2.9　冻融循环次数对平均单轴抗压强度的影响规律

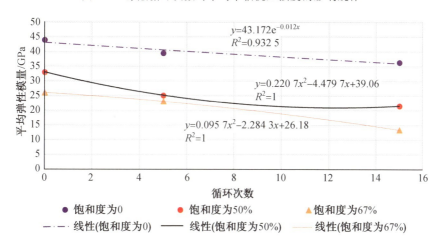

图 2.10　冻融循环次数对平均弹性模量的影响规律

冻融循环次数基本呈指数规律变化,趋势线表达式为 $y=77.486\mathrm{e}^{-0.015x}$,决定系数 $R^2=0.9045$;当饱和度为 50% 时,砂岩的平均单轴抗压强度与冻融循环次数的关系为 $y=65.554\mathrm{e}^{-0.041x}$,$R^2=0.9767$;当饱和度为 67% 时,若按照线性拟合,则决定系数为 0.88,小于 0.9,当趋势线按照指数关系拟合时,决定系数 $R^2=0.9526$,所以关系表达式为 $y=56.177\mathrm{e}^{-0.062x}$。

当砂岩饱和度为 0 时,平均弹性模量随着冻融循环次数的增加而呈指数关系减少;当砂岩饱和度为 50% 时,平均弹性模量与冻融循环次数的变化关系为二次函数关系;当砂岩饱和度增加至 67% 时,随着冻融循环次数的增加,平均弹性模量呈二次函数变化。

2.2.3 饱和砂岩损伤实验研究

通过非饱和砂岩的冻融循环研究可以发现，砂岩的饱和度越大、受冻融循环次数越多，平均单轴抗压强度和平均弹性模量损伤就越大，所以取饱和砂岩试样在−10 ℃、−18 ℃、−25 ℃下分别进行 15 次冻融循环，在冻融循环结束之后进行单轴抗压强度实验。饱和砂岩试样的破坏形式如图 2.11 所示，产生了软岩的斜截面剪切破坏。

图 2.11　饱和砂岩试样的破坏形式

在不同冻结温度下，饱和砂岩经历 15 次冻融循环后，平均单轴抗压强度及平均弹性模量均产生了一定的损伤，各力学性质见表 2.5。

表 2.5　饱和砂岩经历 15 次冻融循环之后的力学性质

试样编号	岩性	冻结温度/℃	极限压力/kN	单轴抗压强度/MPa	平均单轴抗压强度/MPa	弹性模量/GPa	平均弹性模量/GPa
13	砂岩	−10	65.87	33.57		22.34	
14	砂岩	−10	70.12	35.74	35.59	23.15	22.39
15	砂岩	−10	73.51	37.47		21.67	
34	砂岩	−18	45.41	23.14		16.86	
35	砂岩	−18	49.18	25.07	24.05	21.71	20.25
36	砂岩	−18	46.95	23.93		22.19	
37	砂岩	−25	34.82	17.75		12.51	
38	砂岩	−25	38.13	19.43	18.37	14.13	13.53
39	砂岩	−25	35.16	17.92		13.95	

第 2 章 砂岩冻融损伤实验研究

由表 2.5 可以看出,饱和砂岩在冻融循环 15 次后,其平均单轴抗压强度和平均弹性模量均随着冻结温度的降低而降低。取各工况的平均单轴抗压强度和平均弹性模量进行分析,如图 2.12、图 2.13 所示。

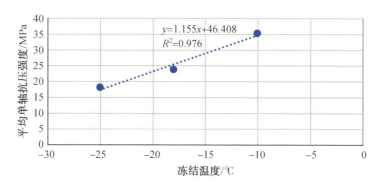

图 2.12　冻结温度对平均单轴抗压强度影响

由图 2.12 可以看出,随着冻结温度的升高,饱和砂岩的平均单轴抗压强度逐渐增加,并呈线性分布,决定系数 $R^2=0.976$,说明拟合相关度非常高。

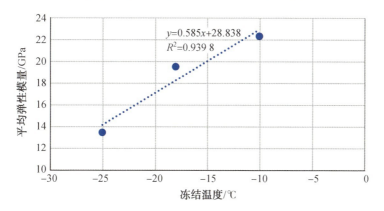

图 2.13　冻结温度对平均弹性模量影响

由图 2.13 可以看出,饱和砂岩的平均弹性模量随着冻结温度的升高而升高,并且呈线性关系变化。说明随着冻结温度的降低,饱和砂岩的平均弹性模量损伤程度越来越大。通过饱和砂岩冻融循环破坏方式及趋势线可以发现,随着冻结温度降低,饱和砂岩的力学性质由硬岩向软岩转化。

2.3 本章小结

本章实验制备了未饱和砂岩,并且进行了多组正交实验,研究了不同饱和度、不同冻融循环次数工况下,砂岩的平均单轴抗压强度和平均弹性模量的变化规律,并将干燥砂岩浸泡24 h,获得了饱和砂岩。利用冻融循环实验箱,改变最低冻结温度开展多次实验,获得冻结温度与饱和砂岩的平均单轴抗压强度及平均弹性模量的变化关系曲线。具体可以得到以下结论。

(1)在冻融循环荷载作用下,砂岩的平均单轴抗压强度随着饱和度的增加而减小,且呈线性变化规律。

(2)在无冻融荷载作用时,砂岩的平均弹性模量随着含水量的增加呈指数减少;在施加冻融荷载后,砂岩的平均弹性模量随着饱和度的增加呈线性减小。

(3)未饱和砂岩的平均单轴抗压强度随着冻融循环次数的增加而减小,曲线为指数关系表达式。

(4)冻融循环对未饱和砂岩的平均弹性模量影响随着含水量的不同而不同。干燥砂岩基本呈线性变化,随着含水量增加,弹性模量趋势线由指数关系变化为二次函数变化。

(5)饱和砂岩的平均单轴抗压强度及平均弹性模量均随着冻结温度的增加而增加,且变化曲线为线性关系。

(6)随着饱和度、冻融循环次数的增加,冻结温度逐渐降低,砂岩的破坏形式由硬岩向软岩方式转变。

第3章　寒区隧道模型及温度场的建立

3.1　黑龙江省寒区隧道冻害统计

通过分析寒区隧道冻害调研资料,目前我国高纬度地区共有122座寒区隧道,其中短隧道为10座,中长隧道为23座,长隧道为43座,特长隧道为46座,季节性冻土隧道为104座,永久性冻土隧道为18座,有冻害隧道为51座,无冻害隧道为41座,冻害情况不详为30座。初步统计了27座黑龙江省寒区隧道,详细数据见表3.1[40]。

表3.1　黑龙江地区寒区隧道冻害调研基础数据

编号	隧道地址	冻土类型	隧道名称	有无冻害	最冷月平均温度/℃	最大冻结深度/m	海拔高度/m	设防长度/m	全长/m
1	黑龙江尚志市	季节性	杜草隧道	有	−20.1	2.05	188	920	3 900
2	黑龙江牡丹江市	季节性	转心湖隧道	—	−18	1.91	339	850	6 676
3	黑龙江省大兴安岭	永久性	图强隧道	有	−30.5		464	—	723.5
4	黑龙江省大兴安岭	永久性	永安隧道	有	−25.4	3	258	—	1 259.2
5	黑龙江省大兴安岭	永久性	翠岭2号隧道	有	−24				420
6	黑龙江省大兴安岭	永久性	富克山隧道	有	−30.5				580
7	黑龙江省哈尔滨市	季节性	天恒山隧道	—	−19.7	2.05	118	845	1 660
8	黑龙江省哈尔滨市	季节性	风车隧道	无	−22	2.05	260		555
9	黑龙江省鹤岗市	季节性	北大岭隧道	有	−16.5	2.38	145		54
10	黑龙江省鸡西市	季节性	恒山隧道	有	−18	2.55	223		701
11	黑龙江省鸡西市	季节性	石磷2号隧道	有	−18	2.55	236		516
12	黑龙江省佳木斯市	季节性	佳木斯隧道	—	−22.5	2.2	82		700

续表3.1

编号	隧道地址	冻土类型	隧道名称	有无冻害	最冷月平均温度/℃	最大冻结深度/m	海拔高度/m	设防长度/m	全长/m
13	黑龙江省佳木斯市	季节性	猴石山隧道	无	−22.5	2.2	82	1 000	3 410
14	黑龙江省兰西县	季节性	兰西隧道	—	−17.3	2.16	—	850	10 562
15	黑龙江省林口县	季节性	奎山隧道(新)	无	−17.5	—	308	850	1 836
16	黑龙江省牡丹江市	季节性	双丰隧道	有	−13.5	1.91	151	700	7 185
17	黑龙江省牡丹江市	季节性	雾淞岭隧道	无	−16.7	2.82	289	590	590
18	黑龙江省牡丹江市	季节性	黄青隧道	无	−18	1.91	264		1 000
19	黑龙江省牡丹江市	季节性	菘山隧道	无	−17.5	1.91	289	850	8 522
20	黑龙江省牡丹江市	季节性	老黑山隧道	—	−17.3	2.16	289	850	7 490
21	黑龙江省七台河市	季节性	佛岭1号隧道	有	−19	—	217	900	2 744
22	黑龙江省绥芬河市	季节性	西山隧道	—	−21.7	2.41	465		720
23	黑龙江省塔河县	永久性	白卡尔隧道	有	−28	—	1 606	—	1 309.3
24	黑龙江省塔河县	永久性	西罗奇1号隧道	有	−32	5	—	885	1 770
25	黑龙江省塔河县	永久性	西罗奇2号隧道	有	−27.8				1 160
26	黑龙江省塔河县	永久性	西罗奇3号隧道	有	−28				1 160
27	黑龙江省伊春市	永久性	平东隧道	—	−25.5	2.98	231	1 000	6 200

由表 3.1 可以看出,在统计黑龙江省的 27 座隧道中,有 9 座位于永久性冻土区,除 1 座冻害情况不明外,其余 8 座均有明显冻害,其原因是 7 座隧道未进行保温设防,1 座隧道设防长度过短。在寒区季节性冻土区域建造的隧道中,有冻害和无冻害各占三分之一。产生冻害的隧道中有 3 座隧道未进行保温,其余 3 座隧道虽然进行了保温防护,但防护长度均小于隧道总长度的 35%。所以正确地确定隧道冻害的位移及应力状态,做到经济、合理、有效地选择隧道防护长度,成为寒区隧道冻害防治的主要问题。

3.2 雾凇岭隧道温度场分析

本节以雾凇岭隧道为依托,该隧道处于季节性冻土区,目前采用全长保温方案且防水措施比较完善,所以至今未发生大的冻害现象。该隧道是黑龙江省的第一条公路隧道,于 2007 年 5 月 16 日全线贯通,地处黑龙江省东南部张广才岭腹地的雾凇岭。该隧道穿越山体受风化剥蚀的岩层,海拔高度为 610~720 m,为防止防水层破坏导致砂岩饱和或者防止保温层破坏发生围岩温度降低,本节对该隧道的复杂工况进行综合分析,以确保其安全顺利通车。雾凇岭隧道的行车断面采用分离式双向四车道,其中上行线、下行线长度分别为 501 m 和 590 m。设计行车速度为 80 km/h,隧道行车道净宽为 8.5 m,隧道行车道净高为 5.5 m,检修道净高为 2.5 m。隧道上行线入口如图 3.1 所示。

图 3.1 隧道上行线入口

该隧道所处的区域属于高寒地区,最低气温为 −41 ℃,平均积雪厚度为 40 cm,最大冻深为 2.02 m。地面稳定冻结时间为 11 月下旬,稳定解冻时间为次年 4 月中旬。冻结温度低、时间长,为了安全通车和运营,哈尔滨工业大学王宗林团队在该隧道上行线对冻结期间的温度进行了实地测量。纵向布置测点标号为 1~5,断面间距为 142~147 m,如图 3.2 所示。1 号、3 号、5 号横断面布置标号为 A、B、C,3 个测点如图 3.3 所示。每个测点由衬砌至围岩沿径向布置 3 个温度测点,如图 3.4 所示[41]。

对 2007 年 12 月 27 日至 2008 年 2 月份数据进行采集,可以得到雾凇岭隧道冬季冻结期各测点温度,见表 3.2[41]。

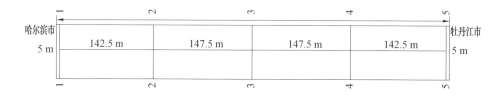

图 3.2　雾凇岭隧道测点断面纵向布置

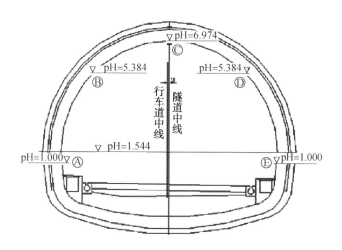

图 3.3　雾凇岭隧道横断面测点布置

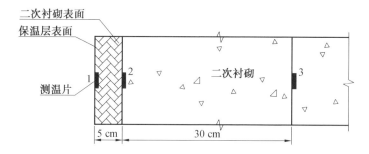

图 3.4　雾凇岭隧道温度测点布置

表 3.2 雾凇岭隧道冬季冻结期各测点温度　　　　　　　℃

时间	断面号	洞内	A1	A2	A3	B1	B2	B3	C1	C2	C3
2007/12/27	5	−6.6	−5.2	−1.7	1.2	−5.3	−1.6	0.6	−5.5	−1.6	−0.5
2007/12/27	4	−6.9	−6.1	−1	1	—	—	—	−6.3	0.8	1.3
2007/12/27	3	−6.7	−6.1	−0.6	1.5	−6.3	1.6	2.8	−6.1	0.7	2.1
2007/12/27	2	−6.5	−6.2	−0.4	−0.3	—	—	—	−6.5	−0.1	0.9
2007/12/27	1	−8.2	−6.3	−4.1	−2.1	−6.4	−4.4	−2.2	−6.5	−5.5	−4.1
2007/12/28	5	−6	−4.5	−1.8	1	−4.4	−1.9	0.4	−4.5	−1.7	−0.5
2007/12/28	4	−5.2	−6.4	−1.2	1	—	—	—	−6.4	0.2	1.3
2007/12/28	3	−4.2	−6.3	−0.8	1.4	−6.5	1.5	2.7	−5.8	0.5	2
2007/12/28	2	−7.1	−6.5	−0.4	0.4	—	—	—	−6.4	0.1	0.9
2007/12/28	1	−7.5	−6.9	−4.4	−1.9	−6.4	−4.4	−2.2	−6.6	−5.5	−3.9
2008/1/9	5	−18.4	−15.7	−7.7	−1.8	−13.7	−7.3	−2.1	−15.4	−5.3	−2.1
2008/1/9	4	−18.4	−17.7	−4.9	−0.1	—	—	—	−17.1	−2.1	0.2
2008/1/9	3	−17.3	−17.6	−3.7	0.1	−18.1	−0.7	1.6	−17	−2	−0.7
2008/1/9	2	−20	−18.7	−2.7	−1.1	—	—	—	−18.2	−2.2	−0.6
2008/1/9	1	−18.4	−18.9	−10.9	−3.5	−18.2	−11.3	−4.4	−17.3	−12.9	−6.5
2008/1/27	5	−9.9	−8.2	−5.9	−4.2	−9.1	−6.8	−5.1	−9.3	−6.9	−5.7
2008/1/27	4	−9.6	−10	−4.9	−2.5	—	—	—	−10.1	−3.5	−2.3
2008/1/27	3	−9.9	−9.7	−4.5	−2.1	−10	−2	−0.7	−9.8	−3.3	−1.5
2008/1/27	2	−9.1	−9.9	−4.2	−3.3	—	—	—	−10.2	−4	−3.1
2008/1/27	1	−9.6	−10.3	−8.6	−6.3	−9.7	−9	−7.3	−10.8	−10.9	−11
2008/2/19	5	−3.5	−3.3	−3.1	−3.8	−3.8	−4.3	−4.5	−4.2	−5.8	−4.9
2008/2/19	4	−3.3	−4.8	−3.4	−2.4	—	—	—	−5	−2.6	−2.1
2008/2/19	3	−3.9	−4.8	−2.9	−1.9	−4.8	−1.4	−0.7	−4.5	−1.9	−1.1
2008/2/19	2	2	−2.1	−4.7	−3.5	—	—	—	−4.9	−3.3	−2.9
2008/2/19	1	−1	−4.8	−6.3	−6.1	−5	−6.3	−7	−6.8	−8.9	−11.3

图 3.4 中,1 点距离围岩最远,3 点距离围岩最近。由表 3.2 可以看出,雾淞岭隧道断面径向温度分布上,随着距离围岩越近,温度越高。隧道洞内最低温度发生在 1 月上旬,为了进一步分析隧道洞内温度的变化规律,取测温时段不同测点位置的温度进行分析,隧道洞内纵向温度分布如图 3.5 所示。

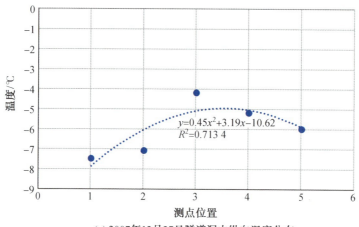

(a) 2007 年 12 月 27 日隧道洞内纵向温度分布

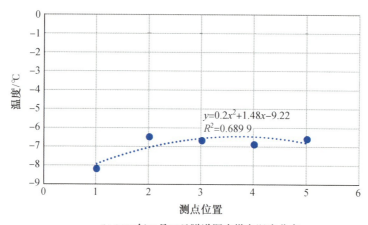

(b) 2007 年 12 月 28 日隧道洞内纵向温度分布

图 3.5 隧道洞内纵向温度分布

第 3 章　寒区隧道模型及温度场的建立

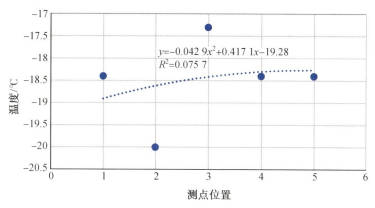

(c) 2008年1月9日隧道洞内纵向温度分布

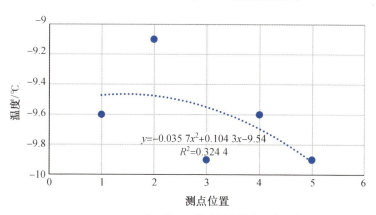

(d) 2008年1月27日隧道洞内纵向温度分布

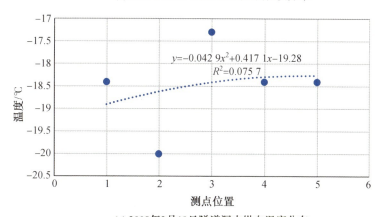

(e) 2008年2月19日隧道洞内纵向温度分布

续图 3.5

经过多种线性拟合结果对比发现,隧道洞内温度采用二次函数拟合时数据相关度最高,但从图 3.5 可以看出,决定性系数均小于 0.8,说明部分测点存在测量错误或记录错误。通过分析发现第二测点数据偏离趋势线最远,舍弃该点值,得到修正后隧道洞内纵向温度分布,如图 3.6 所示。

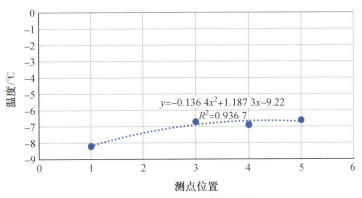

(a) 2007年12月27日修正后隧道洞内纵向温度分布

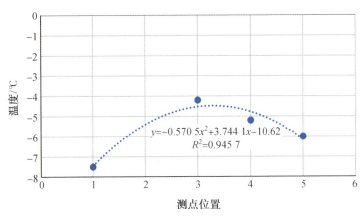

(b) 2007年12月28日修正后隧道洞内纵向温度分布

图 3.6　修正后隧道洞内纵向温度分布

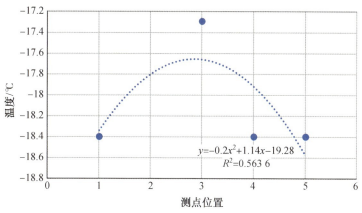

(c) 2008年01月09日修正后隧道洞内纵向温度分布

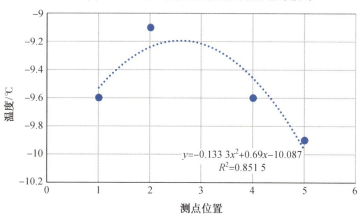

(d) 2008年1月27日修正后隧道洞内纵向温度分布

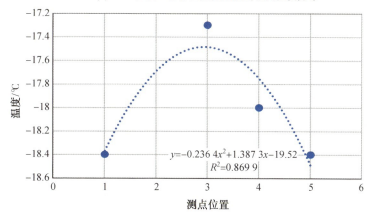

(e) 2008年2月19日修正后隧道洞内纵向温度分布

续图 3.6

从图 3.6 中可以看出,去掉偏差过大的测点后,隧道洞内温度沿其纵向呈二次抛物线分布,洞口位置温度最低;在不考虑风荷载和通车气流的影响下,隧道洞内中间位置温度最高。

3.3 围岩温度场分布

3.3.1 围岩温度场分布理论

由于隧道具有一定的埋深,所以与支护接触的围岩受到地下温度的影响,其温度高于隧道洞内的温度。围岩温度主要由隧道洞内的低温通过初次支护和二次支护的热传导产生变化。对断面导热模型进行简化,隧道断面导热计算模型如图 3.7 所示,图中 1、6、11、16、17 均为计算节点位置。

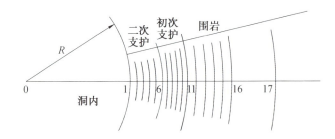

图 3.7 隧道断面导热计算模型

根据能量守恒原理,取隧道纵向微段体内的风流作为研究对象,对微段体进行热平衡分析,那么在 dt 时间内导入与导出微段体的净热量加上内热源的发热量应等于微段体内能的增加,即导入与导出微段体的净热量+微段体内热源的发热量=微段体内能的变化量[42]。隧道围岩的传热微分方程为

$$\frac{\partial^2 T}{\partial r^2}+\frac{1}{r}\frac{\partial T}{\partial r}+\frac{1}{r^2}\frac{\partial^2 T}{\partial \theta^2}+\frac{\partial^2 T}{\partial z^2}=\frac{1}{\alpha}\frac{\partial T}{\partial t} \qquad (3.1)$$

式中　T——隧道围岩温度,℃;

　　　a——围岩的热扩散系数,m^2/s;

　　　r——围岩径向深度,m;

　　　θ——偏离围岩轴向角度,(°);

z——隧道轴向深度,m;

t——传热时间,s。

由于围岩在径向传递的热量远大于围岩在轴向传递的热量,忽略围岩轴向热传导,洞内气温只沿隧道轴向方向变化,隧道围岩仅在径向发生热传导,可简化为二维,隧道围岩径向传热控制方程如下:

$$\frac{\partial^2 T}{\partial r^2}+\frac{1}{r}\frac{\partial T}{\partial r}=\frac{1}{\alpha}\frac{\partial T}{\partial t} \quad (R \leqslant r \leqslant L, \quad t>0) \tag{3.2}$$

边界条件:

$$-\delta \frac{\partial T}{\partial r}=h(T_b-T_f)$$

式中 δ——围岩的导热系数,W/(m·℃);

T_b——起始边界点温度;

T_f——最终边界点温度。

初始条件:

$$T=T_0 \quad (R \leqslant r \leqslant L, \quad t=0)$$

3.3.2 围岩温度场分布实测

根据表 3.2 数据,取围岩 A3 断面的实测值为围岩温度,考虑安全因素,设温度最低的 2008 年 1 月份观测数据温度为围岩温度场,对各点数据进行拟合分析,可以得到围岩温度场分布,如图 3.8 所示。

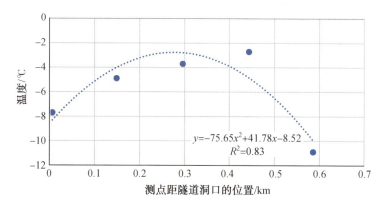

图 3.8 围岩温度场分布

从图 3.8 可以看出，横坐标表示测点距隧道洞口的位置，纵坐标表示该点温度。围岩温度呈抛物线分布，洞口处温度最低，隧道中部围岩温度最高。该围岩温度场分布形式与多个文献所调查的大坂山隧道、乌鞘岭隧道等寒区隧道温度场分布相同，说明温度监测值符合正常分布规律，可以作为参考数据进行计算分析。

3.4 寒区隧道有限元模型的建立

3.4.1 有限元模型参数的选取

本节以雾凇岭隧道为依托，围岩隧道有限元模型取纵向长度为 500 m。根据岩石力学隧道开挖对二次应力的分布影响分析，围岩的范围为隧道直径的 4 倍，所以取计算模型的宽度为 85 m，隧道埋深为 40 m，模型的整体高度为 60 m。模型主要由围岩（红砂岩）、隧道衬砌和锚杆支护组成。隧道衬砌采用板单元模拟，围岩采用实体单元模拟，锚杆支护采用线单元模拟。

模型坐标原点位于上盘隧道入口横截面中心，x 轴方向为与隧道轴线垂直方向，y 轴方向为与隧道轴线水平方向，竖直方向为 z 轴[43]。围岩隧道整体模型如图 3.9 所示，围岩隧道入口处剖面图如图 3.10 所示，隧道衬砌分段如图 3.11 所示。

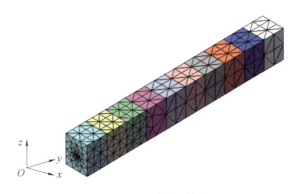

图 3.9 围岩隧道整体模型

由于隧道内温度场的分布特点，隧道衬砌上各位置的温度不同，所以对围

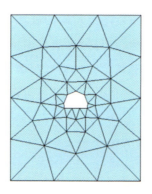

图 3.10　围岩隧道入口处剖面图

图 3.11　隧道衬砌分段

岩和隧道衬砌进行分段研究。雾凇岭隧道纵向长度为 500 m，取每段长度为 20 m，隧道分段数量为 25 段。如图 3.10 所示，各颜色代表不同位置的隧道衬砌。

3.4.2　隧道模型的加载

日本学者北川修三、川上义辉在对北海道等地区的冻害隧道进行大量调查后发现，发生冻害的隧道在拱肩至边墙的风化层厚度为 10～20 cm。冬季冻结时，风化层中夹有冰晶体，发生冻胀，导致衬砌边墙向内收敛变形。而拱顶处虽然也存在风化层，但拱顶围岩含水较少，冻胀较小[44]。所以本次模拟分析过程中，温度荷载施加于拱肩位置。

多数情况下，寒区隧道围岩冻结过程为沿隧道径向的单向冻结，沿隧道纵向和环向的温度梯度基本可以忽略，所以本节对于每个分段只考虑隧道径向冻胀。为描述围岩温度变化而引发隧道衬砌的破坏,根据实地勘察温度结果,按照隧道围岩温度场的分布规律,在与衬砌交接面位置的围岩上施加温度荷载,对隧道衬砌的受力形式进行分析。在加载过程中,以温度作用为荷载,则围岩由于低温作用产生不同体积的冻胀,膨胀力通过相连节点,将荷载传递到衬砌之上,而隧道衬砌单元在该荷载作用下产生内力和变形,使体系达到一个新的平衡状态,则体系的动力平衡方程[45]可表示为

$$[M]\{\ddot{X}\}+[C]\{\dot{X}\}+[K]\{X\}=\{F\} \tag{3.3}$$

式中 $[M]$——质量矩阵;

$\{\ddot{X}\}$——加速度向量;

$[C]$——阻尼矩阵;

$\{\dot{X}\}$——速度向量;

$[K]$——弹性模量矩阵;

$\{X\}$——位移向量;

$\{F\}$——外力向量。

同时,由于温度作用,岩石膨胀导致隧道衬砌破坏的主要原因是围岩的永久性变形,所以在计算隧道衬砌的动力平衡方程时,按拟静力方法[45,46],根据有限元原理忽略加速度及速度项后,隧道衬砌结构体系的运动方程可简化为

$$[K_r]\{X_r\}=\{F_r\} \tag{3.4}$$

$$[K_t]\{X_t\}=\{F_t\} \tag{3.5}$$

式中 $\{X_r\}$、$\{F_r\}$——围岩单元节点位移向量和外力向量;

$\{X_t\}$、$\{F_t\}$——隧道单元节点位移向量和外力向量;

$[K_r]$——围岩单元弹性模量;

$[K_t]$——隧道单元弹性模量。

则围岩与隧道衬砌之间的作用过程为围岩与隧道交界处施加温度荷载,产生膨胀位移向量$\{X_r\}$,先假设围岩与衬砌之间的接触部分不发生位移或变形,根据式(3.4)求得围岩等效荷载分布,根据围岩与衬砌的平衡关系提取接触部分围岩等效荷载值,求得等效衬砌外荷载,用式(3.5)求取隧道衬砌位移向量,通过迭代求解最终隧道衬砌位移向量,再求得隧道衬砌动力反应。

根据实际工程冻害及文献查阅,在隧道的拱肩位置产生的冻害最严重,所以在各段隧道拱肩位置的围岩处施加温度荷载,如图 3.12 所示,黄色块状即为温度荷载作用位置,为了看清整体温度荷载的分布,仅显示第三段围岩,采用相应的冻胀率进行模拟计算分析。

图 3.12　在各段隧道拱肩位置的围岩处施加温度荷载

根据寒区围岩的实际受力情况,计算分析中主要考虑围岩和衬砌重力荷载,以及冻胀产生的温度荷载两部分。在不考虑其他动力荷载的作用下,围岩边界为地面支撑方式,即围岩侧面单向约束,有限元计算模型底面施加固定约束,保障其约束状态与实际工况相符。

3.5　本章小结

本章对黑龙江省部分地区隧道冻害进行了初步统计,对雾凇岭隧道的温度测点进行了拟合分析,根据动力平衡方程建立了寒区隧道有限元模型,得到了以下结论。

(1)相较于季节性冻土地区,位于永久性冻土地区的隧道冻害明显。

(2)隧道进风口段温度低于出风口段。

(3)围岩温度呈抛物线分开,洞口处温度最低,隧道中部围岩温度最高。

第 4 章 不同饱和度围岩隧道冻害分析

寒区隧道工程冻害调查表明,围岩饱和度不同,低温情况下产生的冻胀力也不同,对衬砌产生形式和数值均有明显影响,所以本章以不同饱和度围岩为研究工况,对隧道衬砌产生的冻害进行计算分析。

4.1 围岩参数的确定

以砂岩冻融循环实验结论为依托,根据第 2 章实验结果,砂岩的平均弹性模量随饱和度的增加而减小,且饱和度与平均弹性模量之间的变化关系式为 $E=-0.3309Sr+39.064$。同时,随着饱和度的增加,冻融循环后的砂岩平均单轴抗压强度也减小,根据实验结果,平均单轴抗压强度与饱和度之间的表达式为 $p=-0.4544Sr+69.92$。可以获得相应 5 种工况(饱和度分别为 100%、80%、60%、40%、20%)下,围岩的平均弹性模量和平均单轴抗压强度参数,利用该参数建立各工况围岩隧道的有限元模型,具体参数见表 4.1。

表 4.1 各工况围岩材料参数

工况	饱和度/%	含水量/%	平均弹性模量/GPa	平均单轴抗压强度/MPa
Ⅰ	100	6	5.974	24.48
Ⅱ	80	4.8	12.592	33.568
Ⅲ	60	3.6	19.21	42.656
Ⅳ	40	2.4	25.828	51.744
Ⅴ	20	1.2	32.446	60.832

根据第 3 章雾淞岭隧道温度场的分布情况可知,围岩温度沿隧道纵向呈抛物线分布,即在冬季低温状态下,隧道围岩中间位置温度最高,洞口位置温度最低。由于在不同的冻结温度下,围岩的冻胀率不同,所以采用查阅文献的方法,

获得隧道纵向各点的温度值,以获取与实际工程冻害更相符的模拟分析。

4.2 围岩饱和度为100%工况分析

4.2.1 冻胀率的确定

根据夏才初在2017年进行饱和砂岩冻胀实验的研究成果,不同冻结温度下,饱和砂岩与膨胀率的关系如图4.1所示[47]。

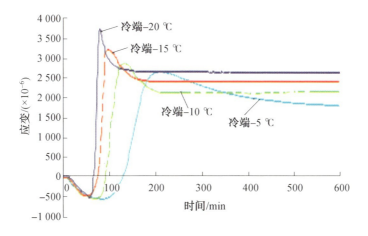

图4.1 饱和砂岩与膨胀率的关系

随着冻结温度的降低,各应变稳定时间减少,应变值增加。当冻结温度为 -5 ℃时,冻胀应变为 1.8×10^{-3};当冻结温度为 -10 ℃时,冻胀应变为 2.1×10^{-3};当冻结温度降低为 -15 ℃时,冻胀应变为 2.4×10^{-3};当冻结温度降低为 -20 ℃时,冻胀应变为 2.65×10^{-3}。对各冻结温度和冻胀应变进行分析和趋势线拟合,如图4.2所示。

从饱和冻胀应变趋势线可以看出,两者关系基本呈线性分布,$y=-0.057x+1.525$;关键性系数 $R^2=0.9982$,说明拟合度高。根据雾凇岭围岩温度分布,将纵向分为10段进行分析,每段长度为60 m。由于各点温度不同,所以每段取该段中点温度作为围岩温度进行分析,根据图3.8所示,$y=-75.65x^2+41.78x-8.52$(x 表示该点距隧道洞口的距离),即第一段温度取30 m处的温度,第二段取90 m处的温度,第三段取150 m处的温度,第四段取210 m处的

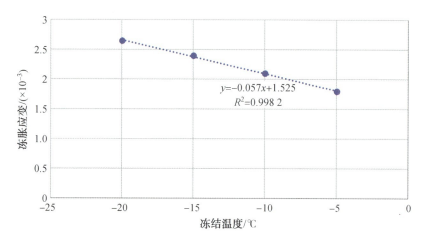

图 4.2　冻胀应变变化趋势

温度,第五段取 270 m 处的温度,第六段取 330 m 处的温度,第七段取 390 m 处的温度,第八段取 450 m 处的温度,第九段取 510 m 处的温度,第十段取 570 m 处的温度。各模拟计算分析段的温度见表 4.2,按照冻胀应变可以得到各段饱和砂岩的冻胀应变。

表 4.2　各模拟计算分析段的温度

段号	位置/m	温度/℃	冻胀应变/($\times 10^{-3}$)
1	30	−7.34	1.94
2	90	−5.38	1.83
3	150	−3.98	1.75
4	210	−3.13	1.70
5	270	−2.83	1.69
6	330	−3.08	1.70
7	390	−3.88	1.75
8	450	−5.24	1.82
9	510	−7.15	1.93
10	570	−9.61	2.07

4.2.2 位移分析

1. 竖向位移

为了对比降温对围岩隧道的位移影响,分别取只施加重力荷载模拟初始状态,可以得到如图 4.3(a)所示的重力荷载作用,则计算模型在力的叠加作用下,围岩和隧道衬砌各位置的位移均产生了变化,如图 4.3(b)所示。

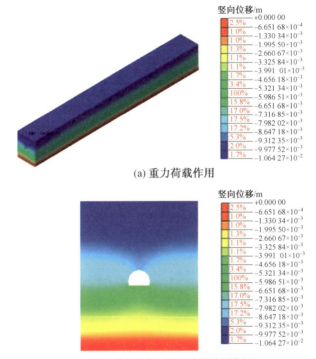

(a) 重力荷载作用

(b) 重力荷载与温度荷载共同作用

图 4.3 围岩整体沉降

从围岩整体竖向位移看出,在温度荷载施加前,计算模型整体呈下降趋势,沉降最大值分布在围岩顶部,最大值为 1.06 cm。温度降低后,在重力荷载与温度荷载共同作用下,整体沉降值减小,最大值为 0.973 cm,分布在围岩顶部,同时由于围岩的冻胀作用,拱肩位置附近的围岩产生了位移重新分布,拱肩上部及衬砌的拱顶产生了竖向向上的位移,所以叠加后该位置的沉降减少;而隧道边墙位置由于拱肩处的胀压作用,产生了更大沉降。

2. 水平位移

在实际工程中,隧道衬砌除沉降位移外,产生的侧向位移也会引起一系列的灾害,所以本节对施加温度荷载前后的水平位移进行分析,如图4.4所示。

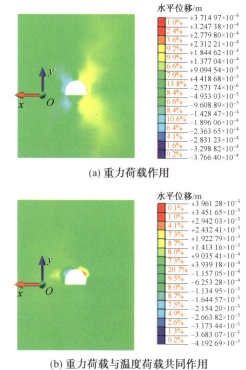

(a) 重力荷载作用

(b) 重力荷载与温度荷载共同作用

图 4.4　围岩整体水平位移

从围岩整体水平位移可以看出,在重力荷载作用下,最大位移分布在边墙位置,左侧产生负方向位移,右侧产生正向位移,即均产生了衬砌的内鼓现象,最大值为 3.766×10^{-4} m。降温后,在温度荷载作用下,最大位移为 4.19×10^{-3} m,分布在拱肩位置,说明温度荷载作用使隧道水平破坏的危险性增强。

4.2.3　应力分析

在温度荷载作用下,隧道衬砌会产生应力重分布,致使一些部位产生应力突变而发生破坏。在围岩重力荷载与温度荷载共同作用下,由于隧道纵向长度与轴向尺寸较大,应力整体分布无法看清分布点,所以取各段应力分别分析,如

图 4.5 所示。

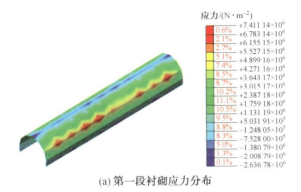

(a) 第一段衬砌应力分布

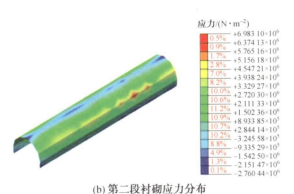

(b) 第二段衬砌应力分布

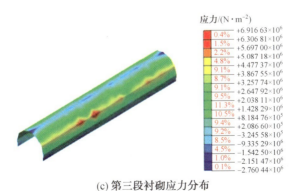

(c) 第三段衬砌应力分布

图 4.5 隧道衬砌各段应力分布

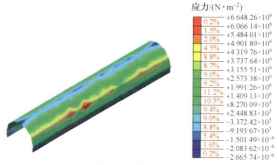

(d) 第四段衬砌应力分布

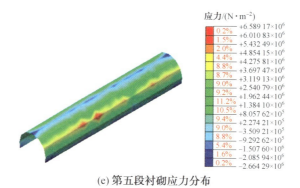

(e) 第五段衬砌应力分布

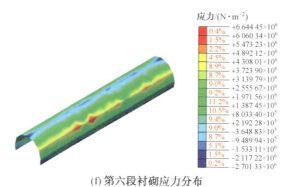

(f) 第六段衬砌应力分布

续图 4.5

第 4 章 不同饱和度围岩隧道冻害分析

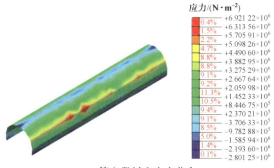

(g) 第七段衬砌应力分布

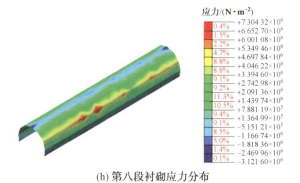

(h) 第八段衬砌应力分布

(i) 第九段衬砌应力分布

续图 4.5

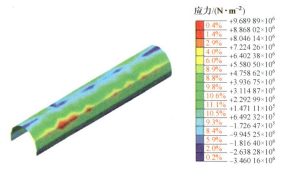

(j) 第十段衬砌应力分布

续图 4.5

由图 4.5 可以看出,从应力分布形式来看,隧道拱肩位置上部围岩产生了冻胀,在冻胀作用下,隧道位置产生拉伸变形,而拱顶位置产生挤压变形,所以从隧道整体受力来看,各段的最大拉应力均产生于拱肩处,最大压应力位于拱顶处。对比隧道各段应力值的大小可以发现,由于隧道洞内各位置温度呈抛物线分布,因此围岩的冻胀程度不同,导致衬砌各点产生不同大小的形变和应力。应力最大产生于第十段,即出口位置,最大拉应力为 9.69 MPa(1 MPa=1×10^6 N/m²),最小压应力为 3.46 MPa;隧道第九段(据洞口 480~540 m)产生的拉应力、压应力次之,最大拉应力为 7.75 MPa,最大压应力为 3.07 MPa。隧道衬砌整体受力最小的部位为第五段区间,最大拉应力为 6.59 MPa,最大压应力为 2.66 MPa。从隧道受力情况来看,拱顶的压应力值始终满足工程要求,即使在受到温度荷载影响最小的位置,其拉应力最大值已经超过了混凝土的抗拉强度,所以存在由于围岩冻胀而产生破坏的危险性,说明寒区围岩为饱和砂岩的工况下,隧道衬砌仅采用喷射厚为 16 cm 混凝土的支护方式是不能满足工程抗冻胀的要求。

4.3　围岩饱和度为 80% 工况分析

4.3.1　冻胀率的确定

由于水体冻结、体积膨胀而产生冻胀力作用于围岩,围岩产生相应的变形传递到衬砌,隧道产生冻胀破坏。所以在冻胀力一定的情况下,围岩产生的冻胀应变随着围岩弹性模量的增加而减小。在其他条件相同的情况下,饱和砂岩由于含水量高,其产生的冻胀力大于非饱和砂岩。为了保障工程安全,取非饱和砂岩的冻胀力与饱和砂岩的冻胀力相同,达到非饱和砂岩冻胀力的最大值,则膨胀应变值与弹性模量成反比关系。根据第2章砂岩冻融损伤实验中饱和度与平均弹性模型关系趋势线,计算可以得到当饱和度为80%时,砂岩的平均弹性模量为12.592 GPa,饱和砂岩的平均弹性模量为5.974 GPa,得到应变的比例系数为0.474。饱和度为80%工况下计算段参数见表4.3。

表 4.3 饱和度为 80% 工况下计算段参数

段号	位置/m	位置/km	温度/℃	冻胀应变/(×10⁻³) ($Sr=100\%$)	冻胀应变/(×10⁻³) ($Sr=80\%$)
1	30	0.03	−7.34	1.94	0.92
2	90	0.09	−5.38	1.83	0.87
3	150	0.15	−3.98	1.75	0.83
4	210	0.21	−3.13	1.70	0.81
5	270	0.27	−2.83	1.69	0.80
6	330	0.33	−3.08	1.70	0.81
7	390	0.39	−3.88	1.75	0.83
8	450	0.45	−5.24	1.82	0.86
9	510	0.51	−7.15	1.93	0.91
10	570	0.57	−9.61	2.07	0.98

4.3.2 位移分析

1. 竖向位移

施加温度荷载前,模型整体只受到重力作用,所以主要考虑竖向位移;施加温度荷载后,由于围岩的冻胀作用导致单元体膨胀,各位置的位移均产生变化,如图4.6所示。

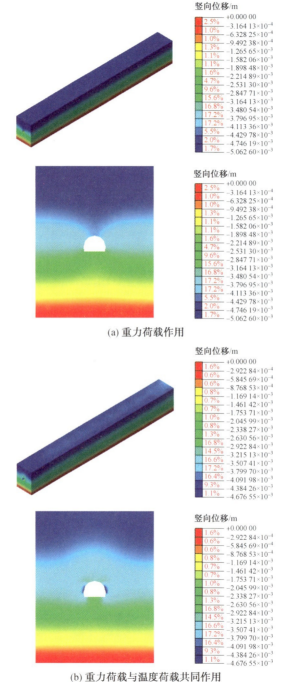

(a) 重力荷载作用

(b) 重力荷载与温度荷载共同作用

图 4.6 围岩整体沉降

在不考虑温度荷载的作用时,围岩处于初始地应力状态,围岩竖向位移以沉降为主,围岩顶部产生的竖向位移最大为 0.56 cm。温度降低后,在重力荷载与温度荷载共同作用下,整体沉降值减小,最大值为 0.468 cm,分布在围岩顶部,同时由于围岩的冻胀作用,拱肩位置附近的围岩产生了位移重新分布,拱肩上部及衬砌的拱顶产生了竖向向上的位移,该位置的沉降减少;而隧道边墙位置产生了更大沉降。

2. 水平位移

在实际工程中,隧道衬砌除沉降位移外,产生的侧向位移也会引起一系列的灾害,所以本节对施加温度荷载前后的水平位移进行分析,如图 4.7 所示。

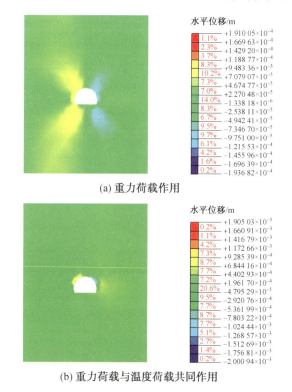

(a) 重力荷载作用

(b) 重力荷载与温度荷载共同作用

图 4.7 围岩隧道整体水平位移

在重力荷载作用、重力荷载与温度荷载共同作用 2 种工况下,围岩隧道整体水平位移分布形式不同,不考虑围岩冻胀作用,在地应力作用下,隧道衬砌各位置均有向洞内移动的趋势,但位移最大值为 0.193 mm,不会发生工程灾害。在冻胀力作用下,水平位移最大值发生在拱肩位置,为内鼓的方式,最大值为

2 mm。实际工程中,应注意时刻监测拱肩位移值,并在必要时采取相应的工程加固措施。

4.3.3 应力分析

从整体位移分析可以发现,当饱和度为80%工况重力荷载作用时,围岩及衬砌均没有被破坏的危险性,所以选择降温后,在重力荷载和温度荷载综合作用下,对隧道衬砌反应进行分析,得到如图4.8所示的隧道衬砌各段应力分布。

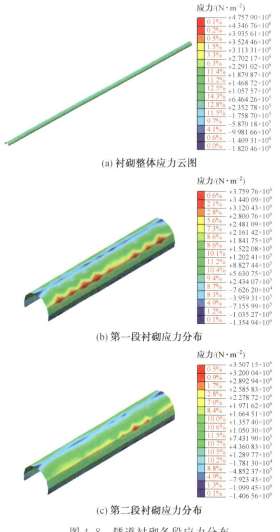

图 4.8　隧道衬砌各段应力分布

第 4 章 不同饱和度围岩隧道冻害分析

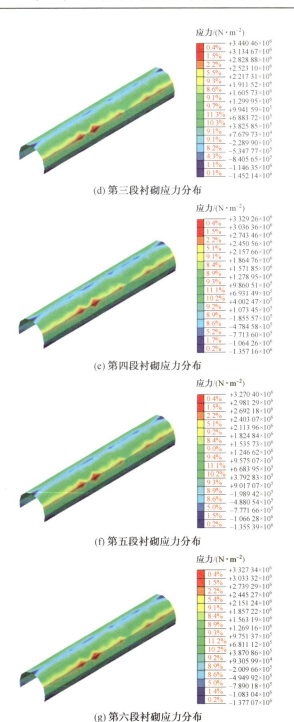

(d) 第三段衬砌应力分布

(e) 第四段衬砌应力分布

(f) 第五段衬砌应力分布

(g) 第六段衬砌应力分布

续图 4.8

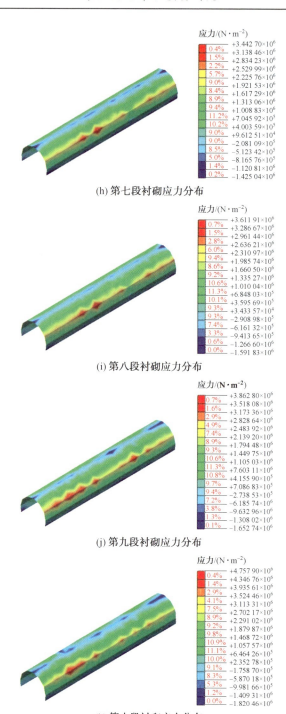

(h) 第七段衬砌应力分布

(i) 第八段衬砌应力分布

(j) 第九段衬砌应力分布

(k) 第十段衬砌应力分布

续图 4.8

隧道洞内各位置的温度不同,拱肩位置围岩产生冻胀力也有所区别,所以在相同饱和度工况下,衬砌各部分产生不同形式和大小的应力。拱顶位置主要产生压应力,最大值为 1.82 MPa;拱肩位置以拉应力为主,最大值为 4.75 MPa。由于出口位置温度最低,因此出口拉应力、压应力最大值均产生于第十段。中间第五段产生的应力值最小,最大拉应力为 3.27 MPa,最大压应力为 1.35 MPa。所以,当饱和度为 80% 时,在重力荷载作用下,围岩衬砌均不会发生破坏,但在温度荷载与重力荷载共同作用下,衬砌拱肩位移过大,抗拉强度超出了混凝土的强度范围,存在破坏的危险性,实际工程中应采取相应的加固措施。

4.4 围岩饱和度为 60% 工况分析

4.4.1 冻胀率的确定

通过查阅相关文献可以得到,冻结砂岩的冻胀力随着饱和度的增加而减小,所以在饱和状态下,围岩产生的冻胀力最大。为了确保寒区工程建设的安全性,取各饱和度的冻胀力最大值,即饱和状态砂岩产生的冻胀力。水分冻胀产生的冻胀力作用于围岩,围岩产生相应的变形,传递到衬砌,致使隧道产生冻胀破坏。水体存在于围岩之中,围岩对其冻胀具有一定的约束作用,所以冻胀力一定的情况下,围岩产生的冻胀应变随着围岩的弹性模量增加而减小,呈反比关系。根据第 2 章砂岩冻融损伤实验中饱和度与平均弹性模型关系趋势线,计算可以得到当饱和度为 60% 时,砂岩的平均弹性模量为 19.21 GPa,饱和砂岩的平均弹性模量为 5.974 GPa,可以得到应变的比例系数为 0.311,则饱和度为 60% 工况下计算段参数见表 4.4。

表 4.4 饱和度为 60% 工况下计算段参数

段号	位置/km	温度/℃	平均弹性模量/GPa	冻胀应变($\times 10^{-3}$)($Sr=100\%$)	冻胀应变($\times 10^{-3}$)($Sr=60\%$)
1	0.03	−7.34	19.21	1.94	0.60
2	0.09	−5.38	19.21	1.83	0.57
3	0.15	−3.98	19.21	1.75	0.54
4	0.21	−3.13	19.21	1.70	0.53
5	0.27	−2.83	19.21	1.69	0.53
6	0.33	−3.08	19.21	1.70	0.53
7	0.39	−3.88	19.21	1.75	0.54
8	0.45	−5.24	19.21	1.82	0.57
9	0.51	−7.15	19.21	1.93	0.60
10	0.57	−9.61	19.21	2.07	0.64

4.4.2 位移分析

1. 竖向位移

随着饱和度的减小，围岩冻融损伤破坏程度减小，所以在重力荷载与温度荷载作用下，会产生新的位移变化。根据实际工程灾害调查，施加温度荷载前，一般产生以拱顶沉降为主的破坏，而在施加温度荷载后，由于冻胀作用，围岩隧道模型的竖向位移出现新的叠加，如图4.9所示。

当围岩饱和度为60%时，在重力荷载作用下，围岩隧道衬砌顶板产生沉降，最大值为 3.37 mm。施加温度荷载后，在冻胀力作用下，竖向位移的分布形式、范围及各部分的大小值均发生变化，拱肩位置产生了 3.087 mm 的沉降，拱顶位置相对重力作用工况，沉降量减小为 1.35 mm。围岩顶部由于冻胀作用沉降值也相应减小。

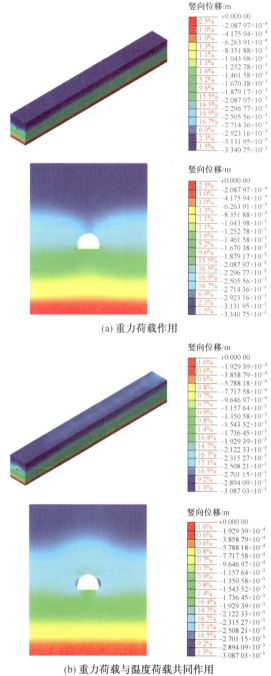

(a) 重力荷载作用

(b) 重力荷载与温度荷载共同作用

图 4.9 围岩衬砌整体竖向位移

2. 水平位移

在工程使用过程中,隧道衬砌边墙位置由于侧向力的作用,会产生向洞内的内鼓破坏,所以取各工况的水平位移进行模拟研究,分析隧道衬砌边墙位置的破坏情况,如图 4.10 所示。

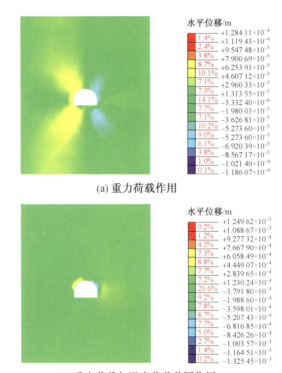

图 4.10 围岩隧道整体水平位移

在重力荷载作用下,隧道的边墙位置产生大范围的水平位移。在施加温度荷载作用时,水平位移主要集中在拱肩位置,最大值为 1.33 mm。实际工程中,应时刻注意监测温度及位移,并在必要时采取相应的工程加固措施。

4.4.3 应力分析

对比冻胀前后围岩隧道衬砌的位移分布可以看出,当围岩饱和度为 60%时,在重力荷载作用下,围岩及衬砌均没有被破坏的危险性,所以施加温度荷载后,对隧道衬砌反应进行分析,得到如图 4.11 所示的隧道衬砌各段应力分布。

(a) 衬砌整体应力云图

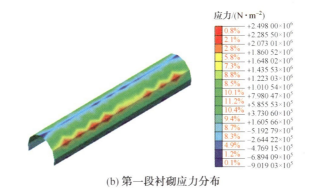

(b) 第一段衬砌应力分布

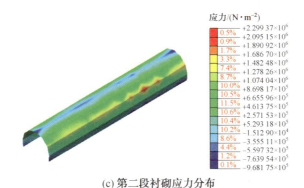

(c) 第二段衬砌应力分布

图 4.11 隧道衬砌各段应力分布

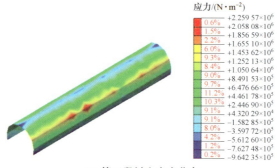

(d) 第三段衬砌应力分布

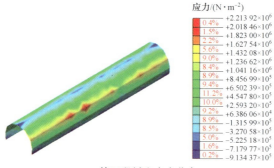

(e) 第四段衬砌应力分布

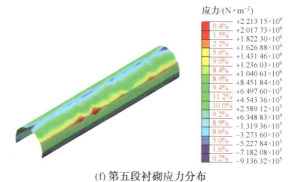

(f) 第五段衬砌应力分布

续图 4.11

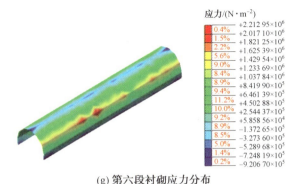

(g) 第六段衬砌应力分布

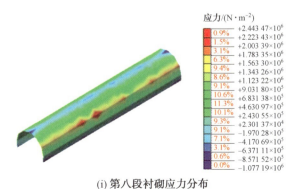

(h) 第七段衬砌应力分布

(i) 第八段衬砌应力分布

续图 4.11

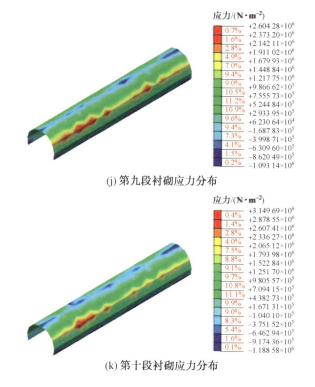

(j) 第九段衬砌应力分布

(k) 第十段衬砌应力分布

续图 4.11

寒区隧道洞内纵向各位置温度不同,所以饱和度为 60% 的围岩产生的冻胀力不同,衬砌各部分产生不同形式和大小的应力。拱顶位置主要产生压应力,最大值为 1.18 MPa,拱肩位置以拉应力为主,最大值为 3.14 MPa。由于出口位置温度最低,所以出口拉应力、压应力最大值均产生于第十段。第五段衬砌位于隧道中部,围岩温度最高,产生的应力值最小,最大拉应力为 2.21 MPa,最大压应力为 0.9 MPa。综合衬砌各段应力分析可以发现,当隧道围岩饱和度为 60% 时,在重力荷载作用下,围岩衬砌均不会发生破坏,但在温度荷载与重力荷载共同作用下,衬砌拱肩位移过大,抗拉强度超出了混凝土的强度范围,存在破坏的危险性,实际工程中应采取相应的加固措施。

4.5　围岩饱和度为 40% 工况分析

4.5.1　冻胀率的确定

围岩冻胀的产生是由水体的冻结引起,所以随着饱和度的减小,冻胀力不断减小。寒区围岩在相同冻结温度下,当围岩饱和度为 40% 时,其产生的冻胀小于饱和围岩产生的冻胀,取围岩为饱和状态时的冻胀力值,可以确保寒区工程建设的安全性。水分冻胀产生的冻胀力作用于起到约束作用的围岩,围岩产生相应的变形,传递到衬砌,围岩产生的冻胀应变随着弹性模量的增加逐渐减小。根据第 2 章砂岩冻融损伤实验中饱和度与平均弹性模型关系趋势线,计算可以得到当饱和度为 40% 时,砂岩的平均弹性模量为 25.828 GPa,饱和砂岩的平均弹性模量为 5.974 GPa,可以得到应变的比例系数为 0.23,则饱和度为 40% 工况下计算段参数见表 4.5。

表 4.5　饱和度为 40% 工况下计算段参数

段号	位置/km	温度/℃	平均弹性模量/GPa	冻胀应变($\times 10^{-3}$)（$Sr=100\%$）	冻胀应变($\times 10^{-3}$)（$Sr=40\%$）
1	0.03	−7.34	25.83	1.94	0.45
2	0.09	−5.38	25.83	1.83	0.42
3	0.15	−3.98	25.83	1.75	0.40
4	0.21	−3.13	25.83	1.70	0.39
5	0.27	−2.83	25.83	1.69	0.39
6	0.33	−3.08	25.83	1.70	0.39
7	0.39	−3.88	25.83	1.75	0.40
8	0.45	−5.24	25.83	1.82	0.42
9	0.51	−7.15	25.83	1.93	0.44
10	0.57	−9.61	25.83	2.07	0.48

4.5.2 位移分析

1. 竖向位移

围岩隧道模型在降温前后,竖向位移会产生不同的分布形式及数值。施加温度荷载前,仅考虑重力作用时,主要的破坏以拱顶沉降为主,如图 4.12(a)所示;施加温度荷载后,由于围岩的膨胀作用,竖向位移产生了重新分布,如图 4.12(b)所示。

从图 4.12 可以看出,当围岩饱和度减小为 40% 时,在重力荷载作用下,围岩隧道衬砌顶板产生沉降,最大值为 2.47 mm。在温度荷载降低后,围岩产生冻胀力,冻胀作用使竖向位移的分布形式、范围及各部分的大小均发生变化。拱肩及边墙位置产生 2.298 mm 的沉降,拱顶位置相对降温前,沉降量减小为 1.15 mm,围岩顶部沉降值也相应减小。

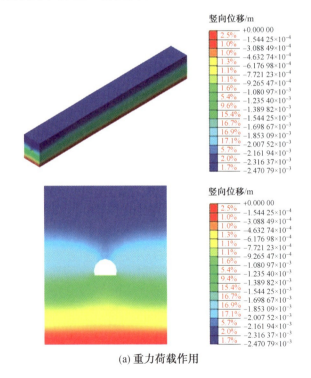

(a) 重力荷载作用

图 4.12 围岩衬砌整体竖向位移

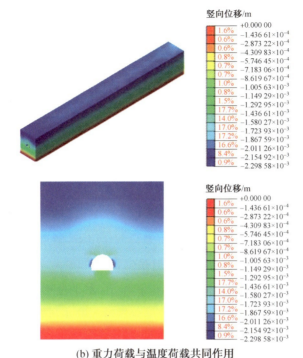

(b) 重力荷载与温度荷载共同作用

续图 4.12

2. 水平位移

在隧道工程的应用中,由于侧向力的作用,隧道衬砌边墙位置会产生向洞内内鼓等形式的破坏,所以取各工况的水平位移进行模拟研究,得到如图 4.13 所示的围岩隧道整体水平位移。

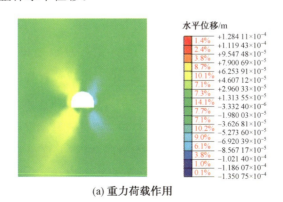

(a) 重力荷载作用

图 4.13 围岩隧道整体水平位移

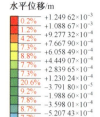

(b) 重力荷载与温度荷载共同作用

续图 4.13

对比分析施加温度荷载前后,在重力荷载作用下,隧道的边墙位置产生了大范围的水平位移,方向均指向洞内,但是位置数值较小(为 0.135 mm),不会产生工程破坏。在拱肩位置施加温度荷载作用,水平位移主要集中在拱肩位置,最大值为 1.33 mm。实际工程中,应注意时刻监测拱肩位置,并在必要时采取相应的工程加固措施。

4.5.3 应力分析

从施加温度荷载前后围岩隧道衬砌的位移对比分析可以看出,当围岩饱和度为 40% 时,在重力荷载作用下,围岩及衬砌均没有被破坏的危险性,而在温度荷载下,拱肩和边墙均有被破坏的趋势。为了进一步确定降温后隧道衬砌各位置的状态,取衬砌应力进行分析,此时荷载为重力与温度共同作用,得到如图 4.14 所示的隧道衬砌各段应力分布。

寒区隧道洞内纵向各位置作用不同的温度,所以饱和度为 40% 的围岩产生的冻胀力不同。对比十段衬砌的应力,由于出口位置温度最低,所以出口拉应力、压应力最大值均产生于第十段;衬砌各部分产生不同形式和大小的应力。在拱顶位置主要为压应力,最大值为 0.89 MPa,拱肩位置以拉应力为主,最大值为 2.38 MPa。第五段衬砌位于隧道中部,围岩温度最高,产生的应力值最小,最大拉应力为 1.63 MPa,最大压应力为 0.68 MPa。综合对比分析隧道围岩饱和度为 40% 的工况,在重力荷载作用下,围岩衬砌均不会发生破坏,但在温度荷载与重力荷载共同作用下,衬砌拱肩位置拉应力较大,但接近却未超出混凝土的抗拉强度范围,存在破坏的危险性,实际工程中应采取相应的加固措施。

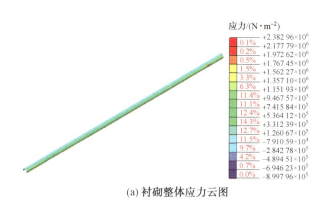
(a) 衬砌整体应力云图

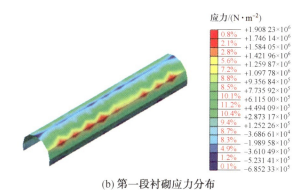
(b) 第一段衬砌应力分布

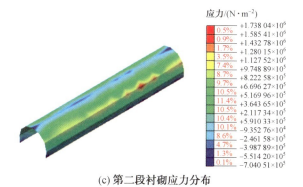
(c) 第二段衬砌应力分布

图 4.14 隧道衬砌各段应力分布

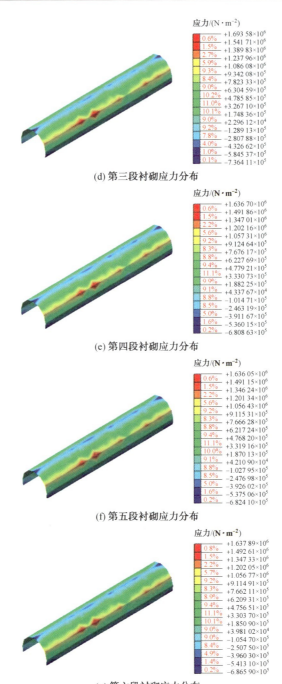

(d) 第三段衬砌应力分布

(e) 第四段衬砌应力分布

(f) 第五段衬砌应力分布

(g) 第六段衬砌应力分布

续图 4.14

第 4 章 不同饱和度围岩隧道冻害分析

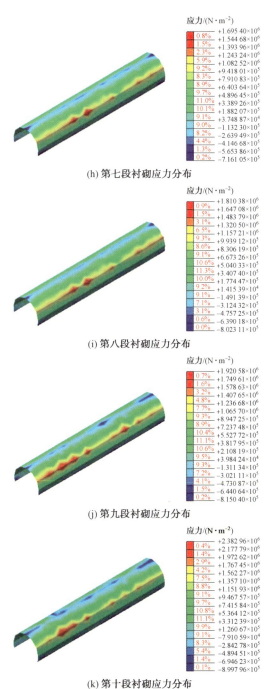

(h) 第七段衬砌应力分布

(i) 第八段衬砌应力分布

(j) 第九段衬砌应力分布

(k) 第十段衬砌应力分布

续图 4.14

4.6 围岩饱和度为 20%工况分析

4.6.1 冻胀率的确定

由于寒区围岩在相同冻结温度和饱和状态下,围岩产生的冻胀力最大。为确保寒区工程建设的安全性,本节对非饱和状态砂岩,取围岩饱和状态时的冻胀力值。围岩中水分冻结产生冻胀力,作用于起到约束作用的围岩,围岩产生相应的变形,传递到衬砌,致使隧道产生裂纹等一系列的破坏。根据弹性力学原理,在冻胀力一定时,围岩产生的冻胀应变与其弹性模量呈反比关系。根据第 2 章饱和度与平均弹性模量关系趋势线,计算可以得到当饱和度为 20%时,砂岩的平均弹性模量为 32.446 GPa,饱和砂岩的平均弹性模量为 5.974 GPa,应变的比例系数为 0.18,则相应的饱和度为 20%工况下计算段参数见表 4.6。

表 4.6 饱和度为 20%工况下计算段参数

段号	位置/km	温度/℃	平均弹性模量/GPa	冻胀应变(×10^{-3})($Sr=100\%$)	冻胀应变(×10^{-3})($Sr=20\%$)
1	0.03	−7.34	32.45	1.94	0.35
2	0.09	−5.38	32.45	1.83	0.33
3	0.15	−3.98	32.45	1.75	0.32
4	0.21	−3.13	32.45	1.70	0.31
5	0.27	−2.83	32.45	1.69	0.30
6	0.33	−3.08	32.45	1.70	0.31
7	0.39	−3.88	32.45	1.75	0.32
8	0.45	−5.24	32.45	1.82	0.33
9	0.51	−7.15	32.45	1.93	0.35
10	0.57	−9.61	32.45	2.07	0.37

4.6.2 位移分析

1. 竖向位移

围岩隧道的初始状态为仅施加重力荷载,产生的竖向位移分布如图 4.15(a)所示;寒区隧道降温后,在温度荷载与重力荷载共同作用下,产生的竖向位移如图 4.15(b)所示。

当围岩饱和度减小为 20% 时,在重力荷载作用下,围岩隧道衬砌顶板产生沉降,最大值为 1.967 mm。施加温度荷载后,围岩产生冻胀力,膨胀作用使竖向位移的分布形式、范围及各部分的大小值均发生变化。拱肩及边墙位置产生了 1.827 mm 的沉降,拱顶位置相对施加温度荷载前,沉降量减小为 1.02 mm,围岩顶部沉降值也相应减小。

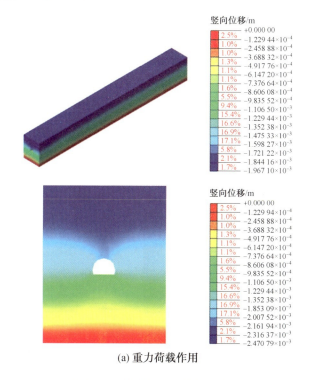

(a) 重力荷载作用

图 4.15 围岩衬砌整体竖向位移

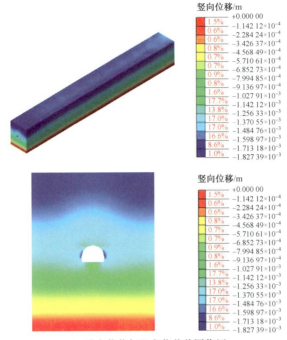

(b) 重力荷载与温度荷载共同作用

续图 4.15

2. 水平位移

寒区隧道降温前后,隧道衬砌会产生不同形式的水平位移,所以取温度荷载施加前后的水平位移进行对比分析,如图 4.16 所示。

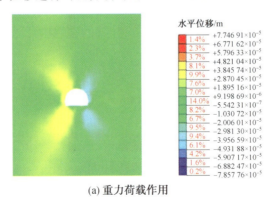

(a) 重力荷载作用

图 4.16 围岩隧道整体水平位移

(b) 重力荷载与温度荷载共同作用

续图 4.16

对比分析施加温度荷载前后,在重力荷载作用下,隧道的边墙位置产生了大范围的水平位移,方向均指向洞内,但位置数值较小(为 0.078 mm),不会产生工程破坏。温度降低后,在拱肩位置施加温度荷载作用时,水平位移主要集中在拱肩位置,最大值为 0.78 mm。实际工程中,应该注意时刻监测温度及位移,并在必要时采取相应的工程加固措施。

4.6.3 应力分析

从施加温度荷载前后围岩隧道衬砌的位移对比分析可以看出,当围岩饱和度为 20% 时,在重力荷载作用下,围岩及衬砌均没有被破坏的危险性,而在温度荷载下,拱肩和边墙均有被破坏的趋势。为了进一步确定降温后隧道衬砌各位置的状态,取衬砌应力进行分析,此时的荷载为重力和温度共同作用,得到如图 4.17 所示的隧道衬砌各段应力分布。

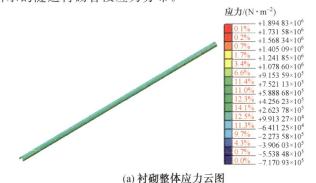

(a) 衬砌整体应力云图

图 4.17 隧道衬砌各段应力分布

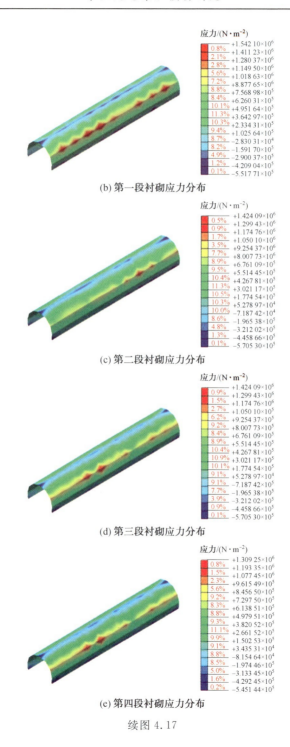

(b) 第一段衬砌应力分布

(c) 第二段衬砌应力分布

(d) 第三段衬砌应力分布

(e) 第四段衬砌应力分布

续图 4.17

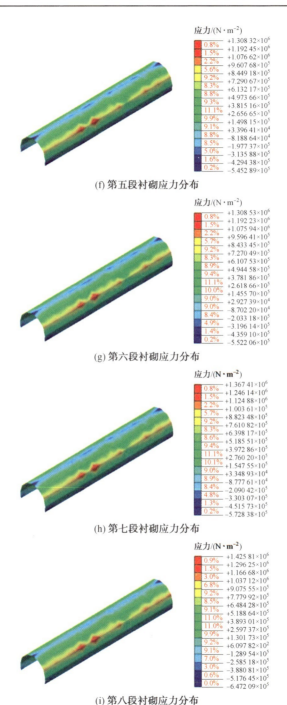

(f) 第五段衬砌应力分布

(g) 第六段衬砌应力分布

(h) 第七段衬砌应力分布

(i) 第八段衬砌应力分布

续图 4.17

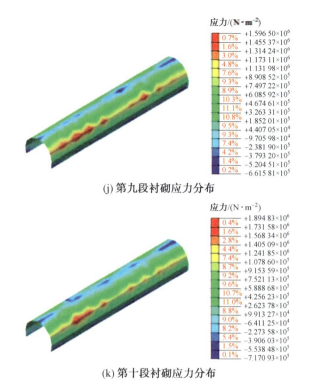

(j) 第九段衬砌应力分布

(k) 第十段衬砌应力分布

续图 4.17

寒区隧道洞内纵向各位置作用不同的温度,所以饱和度为 20% 的围岩产生的冻胀力不同,对比十段衬砌的应力,由于出口位置温度最低,所以出口拉应力、压应力最大值均产生于第十段。衬砌各部分产生不同形式和大小的应力。在拱顶位置主要为压应力,最大值为 0.72 MPa,拱肩位置以拉应力为主,最大值为 1.89 MPa。第五段衬砌位于隧道中部,围岩温度最高,产生的应力值最小,最大拉应力为 1.31 MPa,最大压应力为 0.55 MPa。综合对比分析隧道围岩饱和度为 20% 的工况,在重力荷载作用下,围岩衬砌均不会发生破坏,但在温度荷载与重力荷载共同作用下,衬砌拱肩拉应力较大,接近却未超出混凝土的抗拉强度范围,存在破坏的危险性,实际工程中应采取相应的加固措施。

4.7 本章小结

以砂岩冻融损伤实验数据结论为基础,计算得到不同饱和度围岩的物理力学参数;以雾淞岭隧道纵向温度场分布规律为依托,施加模型隧道温度荷载;以技术调研结果为依据,获取隧道不同温度段围岩的冻胀应变;建立有限元模型,在施加重力荷载与温度荷载下计算得到饱和度为 100%、80%、60%、40%、20%各工况的围岩隧道位移及应力分布,初步得到以下结论。

(1)在经历相同冻融循环次数条件下,仅考虑重力荷载作用的初始情况时,围岩饱和度越高,隧道顶板产生的沉降值越大。

(2)寒区隧道在围岩低温产生冻胀时,各饱和度围岩竖向位移均发生重新分布。随着饱和度增加,顶板沉降值减小,而边墙产生的沉降值增加。

(3)施加温度荷载前后,隧道衬砌水平位移分布形式不同。施加温度荷载后,水平变形主要集中在衬砌边墙处,并出现内鼓现象,围岩饱和度越大,边墙水平破坏越严重。

(4)寒区低温冻胀发生时,在相同冻融循环次数、相同温度场中,围岩各饱和度工况下,隧道衬砌应力分布形式相同,均为顶板处产生压应力,拱肩处产生拉应力。

(5)由于隧道纵向温度场分布特点,出口段产生的拉应力最大,且饱和度越大,拉应力越高。

第 5 章　不同冻融循环次数工况下寒区隧道冻害分析

寒区围岩每年会经历多次冻融循环作用,在围岩中由于冻胀而导致裂纹的萌生、发展,引起围岩的冻胀及隧道衬砌的变形与破坏。工程围岩中存在着大量的微孔洞和微裂隙,在冻胀力和外荷载的反复作用下,这些微缺陷开始萌生、扩展汇合直至形成宏观裂隙。不仅孔隙水相变对围岩结构产生损伤,在冻融过程中温度应力的反复作用,导致围岩矿物的不均匀收缩与膨胀,也会引起围岩内部的微裂隙扩展,最终表现为围岩介质的宏观结构损伤和力学强度弱化,对寒区围岩的稳定性构成极大威胁。

5.1　砂岩损伤分析

在冻融循环荷载作用下,砂岩的单轴抗压强度及弹性模量减少的根本原因是砂岩内部产生了微裂纹,它的破坏是以材料内部裂纹萌生、扩展,并最终导致结构断裂破坏而失去承载力。内部裂纹的萌生和扩展过程被称为损伤。砂岩冻融损伤的过程可以归纳为:原来成片的微裂纹区汇集成一条主要的宏观裂纹,形成结构断裂,即材料的失效是在其损伤累积到一定程度后发生的。如何选取损伤变量、如何定义损伤的演化规律是岩石损伤力学研究的核心问题[48]。

5.1.1　损伤模型的确定

目前,基于连续损伤力学的方法来定义损伤变量,采用的基准包括宏观基准和微观基准 2 种,其中宏观基准包括材料的弹性模量、屈服应力、密度、弹性波速和声发射特征等,微观基准包括微裂隙的长度、数量、分布方式等。由于微观基准并不能直接与宏观力学参数建立联系,因此需要在一定宏观尺度下进行统计处理。然而对于宏观基准而言,一般选用在实验过程容易被获取的变量参数。常用的岩石类材料的损伤变量[49]见表5.1。

表5.1 常用的岩石类材料的损伤变量

表征参数	损伤表达式	含义
微缺陷面积	$D=1-\dfrac{A_2}{A_1}$	A_2 为损伤状态下截面缺陷面积; A_1 为无损状态下截面缺陷面积
密度	$D=(1-\dfrac{\rho_2}{\rho_1})^{\frac{2}{3}}$	ρ_2 为损伤状态下材料密度; ρ_1 为无损状态下材料密度
弹性模量	$D=1-\dfrac{E_2}{E_1}$	E_2 为损伤状态下材料弹性模量; E_1 为无损状态下材料弹性模量
超声波速	$D=1-\left(\dfrac{v_2}{v_1}\right)^2$	v_2 为损伤状态下波速; v_1 为无损状态下波速
弹性应变	$D=1-\dfrac{\varepsilon_2}{\varepsilon_1}$	ε_2 为损伤状态下轴向峰值应变; ε_1 为无损状态下轴向峰值应变

根据2.2节研究成果,本节选用宏观基准量(弹性模量 E)作为损伤变量。在岩石的损伤研究上,常用的是 Loland 模型和 Marzars 模型两类经典岩石损伤模型,但两个模型各有缺点。Loland 模型形容的有效应力与应变曲线如图5.1(a)所示,应力与应变曲线如图5.1(b)所示。

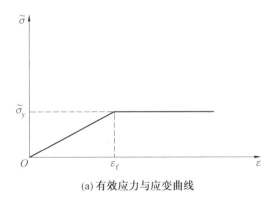

(a)有效应力与应变曲线

图5.1 Loland 损伤模型

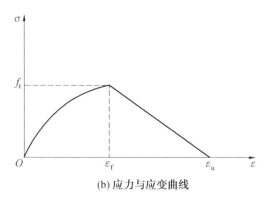

(b) 应力与应变曲线

续图 5.1

在达到峰值应力以前,该模型与实验结果较吻合,但峰值以后,假定损伤因子 D 与应变 ε 之间是线性关系,这与实际不符[48]。

Mazars 模型认为,峰值即使有损伤,应力与应变曲线与直线偏差不大,Mazars 模型认为应力与应变曲线是线性的。峰值以后,应变增加而应力按指数函数下降,对应于宏观裂缝的形成及快速扩展,如图 5.2 所示。

根据 Mazars 损伤模型理论,当 $\varepsilon \leqslant \varepsilon_f$ 时,$\sigma = E\varepsilon$、$D = 0$;说明在使用 Mazars 模型时,忽略了初始损伤的存在和微裂缝的发展,这不符合砂岩材料的性质。所以本节将 Loland 模型和 Mazars 模型结合,在峰值应力之前使用 Loland 模型,峰值之后使用 Mazars 模型,即表达式为

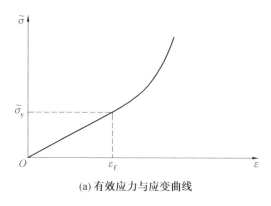

(a) 有效应力与应变曲线

图 5.2 Mazars 损伤模型

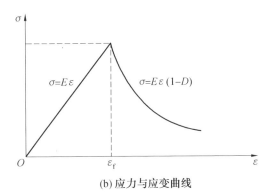

(b) 应力与应变曲线

续图 5.2

当 $\varepsilon \leqslant \varepsilon_f$ 时

$$\tilde{\sigma} = \frac{E\varepsilon}{1-D_0} \tag{5.1}$$

$$\sigma = \tilde{\sigma}(1-D) \tag{5.2}$$

$$D = D_0 + C_1 \varepsilon^\beta \tag{5.3}$$

$$C_1 = \frac{1-D_0}{1+\beta} \varepsilon_f \tag{5.4}$$

$$\beta = \frac{\sigma_f}{E\varepsilon_f - \sigma_f} \tag{5.5}$$

式中 ε_f——对应于应力峰值点的应变值;

D_0——初始损伤因子;

β——损伤因子与应变关系指数;

C_1——损伤因子与应变关系系数。

当 $\varepsilon > \varepsilon_f$ 时

$$\sigma = E\varepsilon(1-D) \tag{5.6}$$

$$\tilde{\sigma} = \frac{\sigma_f}{1-D} \tag{5.7}$$

$$D = D_c = 1 - \frac{\sigma_f(1-A_c)}{\varepsilon} - \frac{A_c}{\exp[B_c(\varepsilon-\varepsilon_f)]} \tag{5.8}$$

式中 A_c、B_c——材料常数,由单轴压缩实验的 $\varepsilon = \varepsilon_f$ 和 $\varepsilon = \varepsilon_u$ 两个边界条件确定。

5.1.2 初始损伤因子的确定

由式(5.1)~(5.8)可以看出,除初始损伤因子 D_0 外,其余参数均可根据不同条件下岩石的实验结果推导计算而求得,所以损伤本构模型推导的关键问题是求得初始损伤因子和无损状态下的弹性模量。

根据砂岩的物理性质参数测定实验,当岩石试样浸泡 24 h 后,饱和度为 100% 时,对应的含水量为 6%,根据下式进行计算可得到孔隙比 e:

$$\omega = \frac{Sr \times e}{d_s} \tag{5.9}$$

式中 ω——砂岩的含水量;

Sr——砂岩饱和度;

d_s——砂岩矿物比重,根据《工程地质手册》取值为 2.5。

将各变量代入可以得到,孔隙比 $e=0.15$,因为计算时用的是含水量,所以该孔隙比为非封闭性孔隙比,表示为砂岩形成过程中存在的孔隙,也是受力破坏的薄弱点,可以把此值认为是砂岩没有荷载作用下的初始损伤因子 D_0,即初始损伤因子 $D_0=0.15$。

根据未饱和砂岩实验研究,可以得到在相同冻结温度(-25 ℃)和不同的冻融循环次数下,砂岩的弹性模量与饱和度的实验数值,可以得到饱和度与循环次数的关系表达式为

$$\begin{gathered} E'_0 = 44.685 e^{-0.007 Sr} \\ E'_5 = 39.192 e^{-0.008 Sr} \\ E'_{15} = -0.330\ 9 Sr + 39.064 \end{gathered} \tag{5.10}$$

式中 E'_n——n 次冻融荷载作用下砂岩的弹性模量,GPa;

Sr——砂岩饱和度,%。

初始状态也可以看作是饱和度为 0、循环次数为 0,根据式(5.10),$E'_0 = 44.685 e^{-0.007 Sr}$,所以 $Sr=0$ 时,$E=44.686$,又因为 $D=1-\dfrac{E_1}{E_0}$(即初始损伤状态下 E_1 值为 44.685),将 $D_0=0.15$ 代入式(5.10),可以得到砂岩的无损弹性模量为 $E_0=52.57$ GPa。

5.1.3 围岩冻融弹性模量的确定

根据图 2.8 各循环状态下,围岩不同饱和度与弹性模量的关系式,令砂岩饱和度为 100%,可以得到饱和砂岩在不同的冻融循环次数下其弹性模量的取值,见表 5.2。

表 5.2 不同循环次数工况下饱和砂岩的弹性模量

循环次数	0	5	15
弹性模量/GPa	22.19	17.61	5.974

对饱和砂岩的弹性模量与循环次数的关系进行拟合,可以得到如图 5.3 所示的曲线。

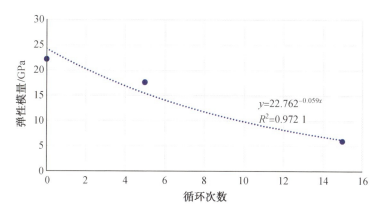

图 5.3 弹性模量与循环次数关系拟合曲线

从图 5.3 可以看出,饱和砂岩随着循环次数的增加,弹性模量逐渐减小,该过程是饱和砂岩裂隙发展的过程,也是岩石各项力学参数损伤程度增加的过程。由于实验点数量有限,需要对饱和砂岩的弹性模量根据动态损伤过程进行修正。根据中国科学院刘泉声等[50]的研究成果,认为弹性模量损失 40% 为冻融破坏标准,此时的循环次数为砂岩冻融损伤中最大冻融循环次数,所以冻融破坏标准动弹性模量可表示为

$$E_{40\%} = 0.4 \times E_0 \tag{5.11}$$

在岩石无损状态下,弹性模量 $E_0 = 52.57$ GPa,代入式(5.11)可以得到,冻

结温度为 $-25\ ℃$ 工况下,饱和岩石破坏标准值为 $E_{40\%}=52.57\times0.4=21.028$ (GPa)。根据损伤因子定义式:$D=1-\dfrac{E_n}{E_0}$,以及弹性模量与循环次数关系表达式:$E_n=22.752\times e^{-0.059n}$,取 n 为自然数代入,可以得到表 5.3 所示不同循环条件下的损伤因子和弹性模量。

表 5.3 不同循环条件下的损伤因子和弹性模量($-25\ ℃$)

循环次数 n	1	2	3	4	5	6	7	8	9	10
弹性模量 E_n	30.88	29.11	27.44	25.87	24.38	22.99	21.67	20.43	19.26	18.16
损伤因子 D	0.41	0.45	0.48	0.51	0.54	0.56	0.59	0.61	0.63	0.65
循环次数 n	11	12	13	14	15	16	17	18	19	20
弹性模量 E_n	17.12	16.13	15.21	14.34	13.52	8.85	8.34	7.87	7.42	6.99
损伤因子 D	0.67	0.69	0.71	0.73	0.74	0.83	0.84	0.85	0.86	0.87

表 5.3 表明,在极寒地区,若不采取防水保温措施,饱和砂岩冻融循环 1 次即达到了破坏状态。围岩的损伤发展过程主要由围岩的裂隙决定,相同围岩在循环荷载作用下,发展规律相似。通过表 5.3 对损伤因子 D 与循环次数进行拟合分析,可以得到如图 5.4 所示的曲线。

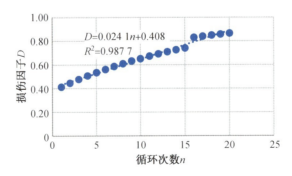

图 5.4 冻结温度为 $-25\ ℃$ 时损伤因子变化规律曲线

同一岩石冻融荷载作用下,裂隙发展规律相似,所以在其他冻结温度工况下,围岩损伤与循环次数表达式的斜率不变,在只改变截距的情况下,通用表达式为

$$D=0.024\ 1n+a \qquad (5.12)$$

本实验以雾淞岭隧道为研究背景,该隧道由于有初次支护、二次支护和保

第5章　不同冻融循环次数工况下寒区隧道冻害分析

温层的共同作用,所以围岩温度最低值为 $-9.61\ ℃$。寒区隧道围岩同时受到纵向不同温度场、不同循环次数的多重因素作用,隧道各段衬砌的弹性模量是一个动态变化规律,综合第 2 章岩石冻融循环实验结果和本章损伤分析理论,不同冻融循环次数下弹性模量变化规律可以按照以下 4 步进行分析和确定。

(1)损伤变化规律计算根据第 2 章饱和砂岩实验结论:15 次循环时,冻结温度与弹性模量关系式为

$$E_{15}=0.585t+28.838 \tag{5.13}$$

式中　E_{15}——冻融循环 15 次时的弹性模量;

t——此时围岩温度。

(2)计算此时的损伤因子:

$$D_{15}=1-\frac{E_{15}}{E_0} \tag{5.14}$$

(3)确定损伤因子的表达式:

$$D_n=0.024\ 1n+a \tag{5.15}$$

将 D_{15} 计算值和 $n=15$ 代入式(5.15),可以得到 a 值,进而确定任一循环下围岩的动态损伤因子。

(4)确定动态弹性模量:

$$E_n=(1-D_n)E_0 \tag{5.16}$$

式中　E_0——围岩的初始无损弹性模量;

E_n——冻融循环 n 次围岩的弹性模量;

D_n——冻融循环 n 次围岩的损伤因子。

隧道围岩温度场纵向分布规律为抛物线,所分析隧道纵向长度为 600 m,取每 60 m 为一段,共分为 10 段,每段取平均温度为计算温度。根据上述围岩损伤因子及弹性模量的计算方法,可以确定各位置隧道衬砌在不同循环次数下的动态弹性模量,见表 5.4。

根据刘泉声教授的研究结论,饱和砂岩破坏标准值为 $E_{40\%}=52.57\times 0.4=21.028(\mathrm{GPa})$,此时对应的损伤因子为 0.6。对冻结温度最低、破坏可能性最大的第十段衬砌进行分析,利用 $D_n=0.024\ 1n+0.197$ 计算,得到此时的循环次数为 $n=16.72$。对于雾凇岭隧道的出口段,若不采取防水措施,饱和状态下使

用17年后,该位置具有被破坏的可能性。本研究取冻融循环分别为4次、8次、12次、16次4种工况分析其破坏前隧道围岩产生的位移及应力情况。

表5.4 隧道纵向各位置动态弹性模量

段号	位置/km	温度/℃	E_{15}/GPa	D_{15}	a	D_n	E_n/GPa
1	0.03	−7.34	24.54	0.533	0.172	$0.0241n+0.172$	$E_0(1-D_n)$
2	0.09	−5.38	25.69	0.511	0.150	$0.0241n+0.150$	$E_0(1-D_n)$
3	0.15	−3.98	26.51	0.496	0.134	$0.0241n+0.134$	$E_0(1-D_n)$
4	0.21	−3.13	27.01	0.486	0.125	$0.0241n+0.125$	$E_0(1-D_n)$
5	0.27	−2.83	27.18	0.483	0.121	$0.0241n+0.121$	$E_0(1-D_n)$
6	0.33	−3.08	27.04	0.486	0.124	$0.0241n+0.124$	$E_0(1-D_n)$
7	0.39	−3.88	26.57	0.495	0.133	$0.0241n+0.133$	$E_0(1-D_n)$
8	0.45	−5.24	25.77	0.510	0.148	$0.0241n+0.148$	$E_0(1-D_n)$
9	0.51	−7.15	24.66	0.531	0.170	$0.0241n+0.172$	$E_0(1-D_n)$
10	0.57	−9.61	23.22	0.558	0.197	$0.0241n+0.197$	$E_0(1-D_n)$

5.2 冻融循环4次工况隧道围岩分析

5.2.1 模型参数的确定

根据夏才初对饱和砂岩冻胀实验研究数据成果进行拟合分析,可以得到饱和砂岩的冻胀应变随温度变化的趋势线为直线,关系表达式为

$$\varepsilon = -0.057t + 1.525 \tag{5.17}$$

将围岩温度场的分布数据代入,可以得到隧道纵向围岩各段的冻胀应变ε_{15},依据5.1节的冻融损伤研究成果,计算15次冻融循环和4次循环时隧道衬砌各位置的弹性模量,根据相同水体积产生的膨胀相等的原理,在饱和状态下,各围岩内水体产生的冻胀力相等,由于围岩的弹性模量不同,产生的变形不同,因此各循环工况的应变与弹性模量成反比,计算可以得到隧道不同位置参数,见表5.5。采用第4章雾凇岭隧道尺寸,建立有限元模型,施加重力荷载模拟

原始地应力状态;在拱肩位置施加温度荷载,并在模型整体施加自重模拟温度荷载作用,进行位移及应力的分析。

表 5.5 冻融循环 4 次工况下有限元参数

段号	位置/km	温度/℃	E_0/GPa	D_4/GPa	E_4/GPa	$\varepsilon_4/(10^{-3})$
1	0.03	-7.34	52.57	0.27	38.46	1.240
2	0.09	-5.38	52.57	0.25	39.62	1.188
3	0.15	-3.98	52.57	0.23	40.46	1.148
4	0.21	-3.13	52.57	0.22	40.93	1.124
5	0.27	-2.83	52.57	0.22	41.14	1.114
6	0.33	-3.08	52.57	0.22	40.98	1.122
7	0.39	-3.88	52.57	0.23	40.51	1.145
8	0.45	-5.24	52.57	0.24	39.72	1.183
9	0.51	-7.15	52.57	0.27	38.46	1.239
10	0.57	-9.61	52.57	0.29	37.15	1.295

5.2.2 位移分析

1. 竖向位移

在施加温度荷载前,隧道整体模型主要受到重力作用,所以位移形式以竖向位移为主。寒区冬季低温情况下,围岩温度降低,相当于在模型各位置上施加表 5.5 所示的温度荷载,围岩冻胀作用导致单元体膨胀,各位置的位移产生变化,如图 5.5 所示。

从图 5.5 可以看出,在温度荷载施加前,围岩在重力荷载作用下,整体呈下沉趋势,沉降最大值产生于围岩顶部,最大值为 1.63 mm。温度降低后,在重力荷载与温度荷载共同作用下,沉降量最大值为 2.02 mm,但最大值的分布并不是在围岩顶部产生的地表沉降,而是在隧道边墙位置。原因主要是拱肩位置围岩的冻胀作用,致使该位置附近的围岩发生了位移重新分布,拱肩上部及衬砌拱顶的竖向位移方向向上,所以叠加后该位置的沉降减少,而隧道边墙位置产生了更大沉降。

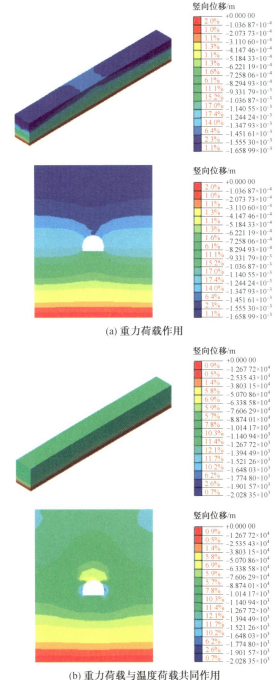

(a) 重力荷载作用

(b) 重力荷载与温度荷载共同作用

图 5.5 围岩整体沉降

2. 水平位移

在实际工程应用中,隧道产生的侧向位移也产生边墙内鼓等地质灾害。对隧道围岩模型降温前后的水平位移进行分析,图 5.6 所示为围岩整体水平位移。

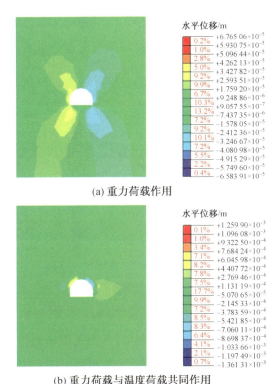

(a) 重力荷载作用

(b) 重力荷载与温度荷载共同作用

图 5.6　围岩整体水平位移

在重力荷载作用下,各位置产生的水平位移沿径向指向隧道洞内,分布面积大,但从数量级上来看,最大值仅为 6.76×10^{-5} m,说明初始应力状态下,隧道围岩水平方向的位移不会引起破坏。在拱肩位置施加温度荷载后,由于水体的膨胀作用,该处围岩的水平位移增大,致使隧道衬砌的水平位移分布形式和大小都发生变化。不均匀位移的范围小,但位移值增加,最大值主要产生在拱肩位置,数值为 1.36×10^{-3} m。对比于重力荷载作用的初始工况,边墙附近围岩产生了 6.05×10^{-3} m 的位移,说明饱和水的冻胀作用不仅对隧道衬砌有破坏作用,还可能引起围岩水平破坏的危险性增强。

5.2.3 应力分析

从 5.2.2 节围岩位移分析可以看出,在寒区低温工况下,无论竖直方向还是水平方向,隧道衬砌破坏的危险性均会大于初始常温状态,因此在围岩重力荷载与温度荷载共同作用下,对隧道衬砌的应力进行分析,隧道衬砌整体应力分布如图 5.7 所示。

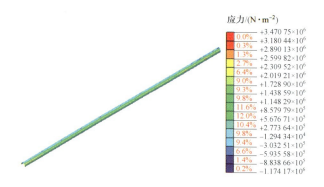

图 5.7 隧道衬砌整体应力分布

从图 5.7 可以看出,由于拱肩处围岩的冻胀作用,衬砌顶面以压应力为主。纵向长度为 600 m,是径向尺寸的 100 倍,为了更清晰地分析各位置的具体应力情况,取各段应力分别进行分析,如图 5.8 所示。

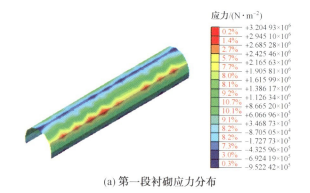

(a) 第一段衬砌应力分布

图 5.8 隧道衬砌各段应力分布

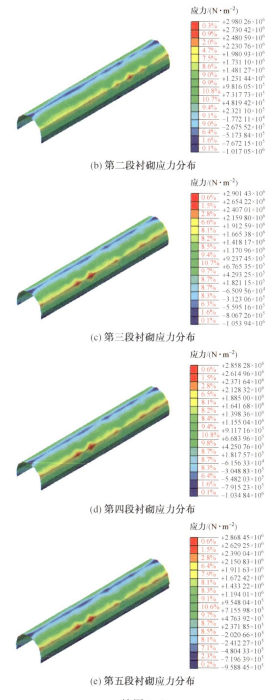

(b) 第二段衬砌应力分布

(c) 第三段衬砌应力分布

(d) 第四段衬砌应力分布

(e) 第五段衬砌应力分布

续图 5.8

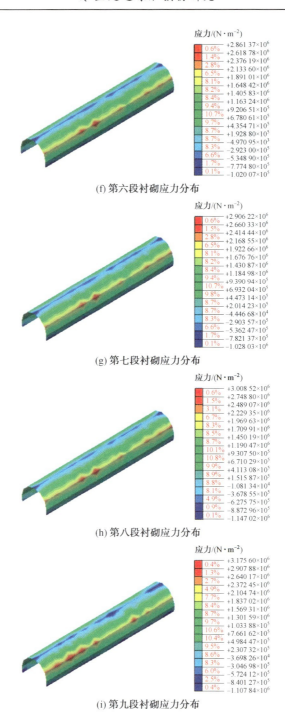

(f) 第六段衬砌应力分布

(g) 第七段衬砌应力分布

(h) 第八段衬砌应力分布

(i) 第九段衬砌应力分布

续图 5.8

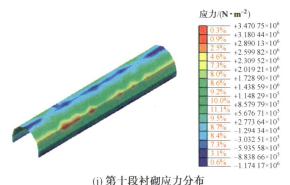

(j) 第十段衬砌应力分布

续图 5.8

沿隧道轴向,以入口为起点,共分 10 段,每段长度为 60 m,各部分应力分布形式相似。隧道拱肩位置围岩内水体由于冻结产生了冻胀,在膨胀作用下,该位置衬砌产生拉伸变形,导致拱顶位置产生挤压变形,所以隧道整体各位置段的最大拉应力均产生于拱肩处,最大压应力位于拱顶处。通过第 3 章的研究可知,隧道温度场呈抛物线分布,各位置温度不同,围岩的冻胀程度也不同,对隧道衬砌各段产生的作用力也不同。从图 5.8 可以看出,隧道洞内各位置温度的最低值位于第十段,应力最大也产生于第十段,即出口位置,最大拉应力为 3.47 MPa,最大压应力为 1.17 MPa。隧道第一段(入口段位置)产生的拉应力次之,最大拉应力为 3.2 MPa。第八段衬砌产生的压应力次之,为 1.147 MPa。第五段位置围岩温度最低,所以该处隧道衬砌受力最小,在重力荷载与温度荷载共同作用下,第五段拱肩处产生最大拉应力为 2.86 MPa,顶部产生最大压应力为 0.96 MPa。从隧道受力情况来看,拱顶的压应力始终满足工程要求,在第十段的出口位置,由于低温荷载作用,产生的拉应力虽然接近素混凝土的抗拉强度值,但小于钢筋混凝土的抗拉强度。当围岩是饱和砂岩时,在拱肩位置要注意采取工程措施,提高整体的抗拉强度。

5.3 冻融循环 8 次工况隧道围岩分析

5.3.1 模型参数的确定

根据文献[46]中的实验研究成果,可以得到饱和砂岩冻胀应变与温度的表达式,将围岩温度场的分布数据代入,计算获得隧道纵向围岩各段的冻胀应变 ε_{15}。利用围岩冻融损伤基本原理及冻融损伤实验研究成果,计算推导出 8 次循环后隧道衬砌各位置的弹性模量。根据冻胀力产生机理,不同的弹性模量围岩产生不同的变形,得到隧道各温度段的应变值。冻融循环 8 次工况下有限元参数见表 5.6。

表 5.6 冻融循环 8 次工况下有限元参数

段号	位置/km	温度/℃	E_0/GPa	D_8	E_8/GPa	$\varepsilon_8/(10^{-3})$
1	0.03	−7.34	52.57	0.36	33.39	1.428
2	0.09	−5.38	52.57	0.34	34.55	1.362
3	0.15	−3.98	52.57	0.33	35.39	1.312
4	0.21	−3.13	52.57	0.32	35.86	1.283
5	0.27	−2.83	52.57	0.31	36.07	1.271
6	0.33	−3.08	52.57	0.32	35.92	1.280
7	0.39	−3.88	52.57	0.33	35.44	1.309
8	0.45	−5.24	52.57	0.34	34.65	1.356
9	0.51	−7.15	52.57	0.36	33.39	1.427
10	0.57	−9.61	52.57	0.39	32.08	1.500

采用表 5.6 的参数建立有限元模型,施加重力荷载模拟原始地应力状态。在拱肩位置施加温度荷载,同时施加重力模拟温度荷载作用,对位移及应力进行分析。

5.3.2 位移分析

施加温度荷载前后,围岩隧道均有可能因为变形过大产生竖向或水平方向的破坏,所以对 2 种工况下的位移分布进行分析,为实际工程加固措施提供一定的参考。

1. 竖向位移

常温状态下,围岩及隧道衬砌主要受到重力作用,位移形式以竖向位移为主,可能发生顶板的沉降及底板的隆起。寒区冬季降温后,围岩中水体冻胀等效于在模型上施加温度荷载,围岩隧道各位置的竖向位移均产生变化,如图5.9所示。

从图5.9可以看出,在常温状态下,不考虑冻胀的作用,围岩整体竖向位移以向下为主。在重力荷载作用下,围岩顶部产生的沉降值为1.91 mm,隧道衬砌整体随围岩产生下沉,最大位移出现在拱顶位置,边墙次之,底板位移最小。施加温度荷载后,在重力荷载与温度荷载共同作用下,拱肩位置的膨胀作用致使拱肩上部衬砌产生相对向上位移,拱肩下部产生相对向下的位移,所以在位移的叠加下,衬砌边墙位置产生最大沉降量,沉降值为2.34 mm。拱顶位置位移叠加后,仍以沉降为主,但沉降量值减小到0.73 mm。

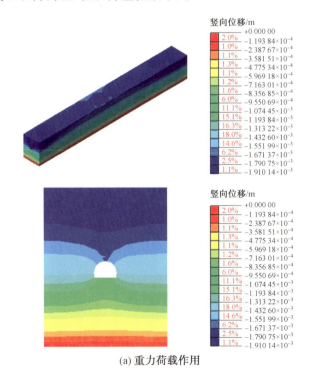

(a) 重力荷载作用

图5.9 围岩整体沉降

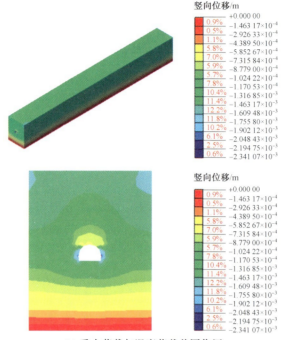

(b) 重力荷载与温度荷载共同作用

续图 5.9

2. 水平位移重力荷载

深埋隧道由于水平重力荷载以及降温后的冻胀力作用,隧道衬砌也会产生一系列的侧向位移,从而产生边墙内鼓等地质灾害。对施加温度荷载前后的围岩隧道模型的水平位移进行分析,由于冻胀主要产生径向断面破坏,如图 5.10 所示,取该断面的水平位移分布。

由图 5.10(a)可以看出,在初始地应力作用下,水平位移主要产生于边墙位置,且指向隧道洞内,分布面积大。从荷载值进行分析,最大值仅为 7.99×10^{-5} m,说明在重力荷载作用下,隧道围岩水平方向的位移不会引起破坏。为了模拟降温后隧道水平位移状态,在拱肩位置施加温度荷载,图 5.10(b)反映了此时围岩隧道模型的水平位移分布。在温度荷载与重力荷载共同作用下,拱肩位置发生了水平位移变大的现象,位移由重力荷载作用下的 4.7×10^{-5} m 增加到 1.58×10^{-3} m,说明温度荷载作用使隧道水平破坏的危险性增强。

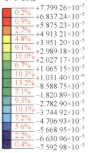

(a) 重力荷载作用

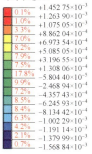

(b) 重力荷载与温度荷载共同作用

图 5.10 围岩整体水平位移

5.3.3 应力分析

从 5.3.2 节的位移分析可以发现,饱和砂岩在重力荷载作用下,基本不会发生破坏,而经过寒区低温荷载的作用,拱肩具有被破坏的危险性,围岩内部的变形也发生了重新分布,取降温后隧道衬砌应力进行分析,得到围岩在重力荷载与温度荷载共同作用下,隧道衬砌整体应力分布如图 5.11 所示。

从图 5.11 可以看出,隧道衬砌产生的最大压应力为 1.35 MPa,最大拉应力为 3.99 MPa。隧道纵向长度与轴向尺寸比为 100,衬砌整体应力分析无法反映围岩温度场的差异,所以取各段应力分别进行分析,如图 5.12 所示。

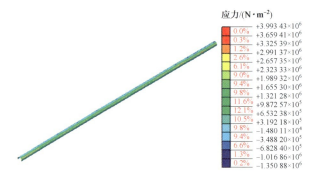

图 5.11 隧道衬砌整体应力分布

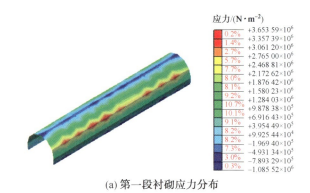

(a) 第一段衬砌应力分布

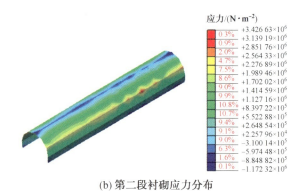

(b) 第二段衬砌应力分布

图 5.12 隧道衬砌各段应力分布

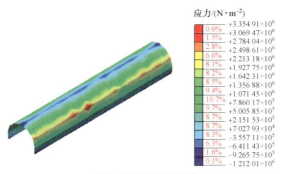

(c) 第三段衬砌应力分布

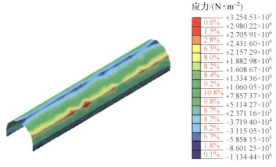

(d) 第四段衬砌应力分布

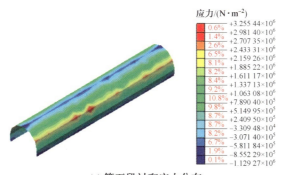

(e) 第五段衬砌应力分布

续图 5.12

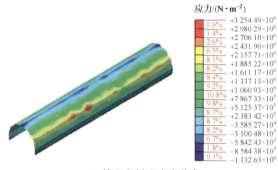

(f) 第六段衬砌应力分布

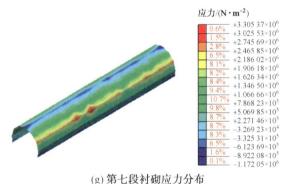

(g) 第七段衬砌应力分布

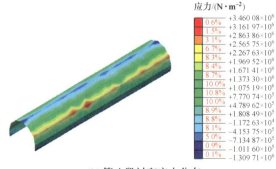

(h) 第八段衬砌应力分布

续图 5.12

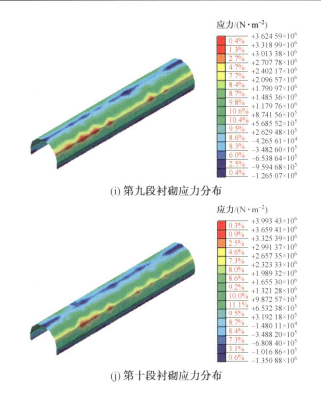

(i) 第九段衬砌应力分布

(j) 第十段衬砌应力分布

续图 5.12

寒区隧道在低温荷载作用下,受拱肩位置饱和砂岩的冻胀作用,导致衬砌不同温度段的应力分布形式相同,最大拉应力出现在拱肩位置,而拱顶位置产生挤压变形形成最大压应力,所以从隧道整体受力来看,各段的最大拉应力均产生于拱肩处,最大压应力位于拱顶处。隧道洞内各段温度沿着纵向呈抛物线分布,洞口处温度最低,中间部位温度最高,围岩各处的冻胀程度不同,所以衬砌各点产生不同大小的形变和应力。应力最大产生于第十段,拱肩处最大拉应力为 3.99 MPa,最大压应力为 1.36 MPa。第一段(隧道入口段)产生的拉应力次之,最大拉应力为 3.65 MPa。隧道衬砌整体受力最小的部位为第五段,最大拉应力为 3.25 MPa,最大压应力为 1.13 MPa。混凝土衬砌在洞顶位置不会产生压缩破坏,满足工程要求。拱肩位置由于冻胀作用产生的拉应力超出了素混凝土的抗拉强度,因此拱肩或其他容易发生饱和冻胀的位置必须采用钢筋网或钢筋混凝土衬砌等方式,增加衬砌的抗拉强度,防止温度荷载作用下拉裂破坏的产生。

5.4 冻融循环 12 次工况隧道围岩分析

5.4.1 模型参数的确定

根据冻融损伤基本原理,采用饱和砂岩的冻融损伤数据,建立冻融循环损伤方程,获得 12 次冻融循环后围岩的损伤因子以及不同温度段的弹性模量。依据文献理论,分析计算可以得到不同低温状态下饱和砂岩的冻胀率,进而获得隧道纵向不同温度段的围岩隧道有限元参数,见表 5.7。

表 5.7 冻融循环 12 次工况下有限元参数

段号	位置/km	温度/℃	E_0/GPa	D_{12}	E_{12}/GPa	$\varepsilon_{12}/(\times 10^{-3})$
1	0.03	−7.34	52.57	0.46	28.32	1.684
2	0.09	−5.38	52.57	0.44	29.48	1.596
3	0.15	−3.98	52.57	0.42	30.32	1.532
4	0.21	−3.13	52.57	0.41	30.80	1.494
5	0.27	−2.83	52.57	0.41	31.01	1.478
6	0.33	−3.08	52.57	0.41	30.85	1.490
7	0.39	−3.88	52.57	0.42	30.37	1.527
8	0.45	−5.24	52.57	0.44	29.59	1.589
9	0.51	−7.15	52.57	0.46	28.32	1.682
10	0.57	−9.61	52.57	0.49	27.01	1.782

按照雾凇岭隧道尺寸建立有限元模型,施加重力荷载模拟原始地应力状态;在拱肩位置施加温度荷载、模型整体施加自重模拟温度荷载作用,对位移及应力进行分析。

5.4.2 位移分析

隧道衬砌各点在重力荷载或温度荷载与重力荷载共同作用下,产生的破坏主要是沉降破坏和水平内鼓破坏,所以从竖向位移和水平位移两方面进行分析。

1. 竖向位移

施加温度荷载前，作用围岩隧道整体模型的荷载主要为重力；施加温度荷载后，围岩温度降低，温度荷载使饱和砂岩产生冻胀作用，导致单元体膨胀，各位置的位移均产生变化，如图 5.13 所示。

从图 5.13(a)可以看出，寒区隧道在施加温度荷载前，围岩隧道整体模型以竖直向下位移为主，沉降最大值产生于围岩顶部（为 4.16 mm），隧道衬砌顶部产生的竖向位移为 3.64 mm，边墙沉降为 3.12 mm，仰拱处沉降为 2.08 mm。施加温度荷载后，由于冻胀作用使拱肩位置附近的围岩发生位移重新分布，模型整体仍以沉降为主，拱肩上部及衬砌拱顶的竖向位移方向向上，边墙竖向位移方向向下，位移叠加后，隧道边墙位置产生了更大的沉降（为 4.72 mm），而衬砌拱顶位置的沉降值减小为 1.77 mm，仰拱处位移增加为 2.36 mm。

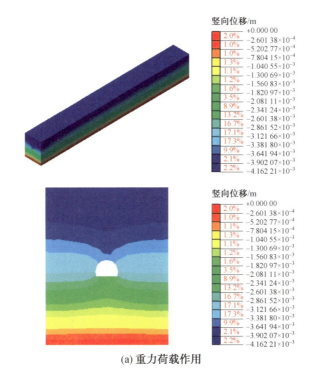

(a) 重力荷载作用

图 5.13 围岩整体沉降

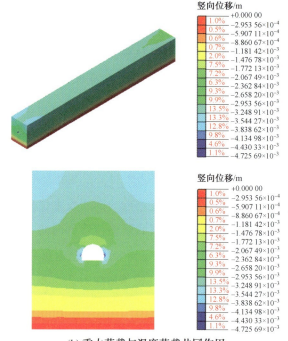

(b) 重力荷载与温度荷载共同作用

续图 5.13

2. 水平位移

若隧道衬砌采用的支护强度不够或加固措施不够,可能会由于侧向位移而产生边墙内鼓等破坏现象,所以对施加温度荷载前后隧道径向断面方向的水平位移分布进行分析,如图 5.14 所示。

如图 5.14(a)所示,隧道衬砌各位置产生的水平位移为沿径向指向洞内,边墙处水平位移分布面积大,从位移数值上来看,最大值仅为 1.61×10^{-4} m,表明初始应力状态下,隧道围岩水平方向的位移不会引起破坏。从图 5.14(b)可以看出,在重力荷载与温度荷载共同作用下,围岩的冻胀引起整体的水平位移增加,围岩的初始位移由 3.89×10^{-5} m 增加到冻胀后的 2.82×10^{-4} m。拱肩处在施加温度荷载后,产生的水平位移增加,最大值为 2.91×10^{-3} m,拱肩附近的围岩也由于饱和砂岩的冻胀作用部分位置产生了 2.82×10^{-4} m 的水平位移,水平位移的分布说明温度荷载作用使隧道水平破坏的危险性增强。

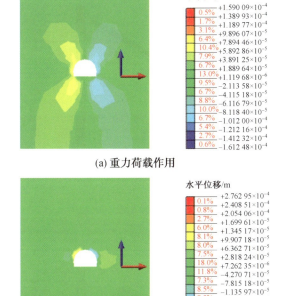

图 5.14　围岩整体水平位移

5.4.3　应力分析

由围岩隧道模型的竖向位移和水平位移综合分析结果表明,冻融循环为 12 次的工况下,重力荷载作用基本不会引起衬砌的破坏,而在温度荷载作用下,位移值过大,隧道衬砌会产生应力重分布,致使一些部位产生应力突变而发生破坏,所以取围岩重力荷载与温度荷载共同作用的工况进行分析,得到隧道衬砌整体应力分布如图 5.15 所示。

从图 5.15 可以看出,在温度荷载与重力荷载共同作用下,衬砌产生的最大压应力为 2.54 MPa,最大拉应力为 6.54 MPa。由于隧道纵向温度场分布不同,各温度段衬砌的受力情况也不同,为了安全有效地对各位置采取不同的加固措施,取各段应力分别进行分析,如图 5.16 所示。

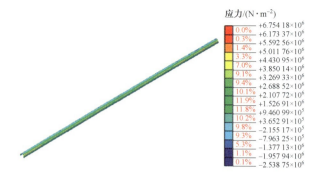

图 5.15　隧道衬砌整体应力分布

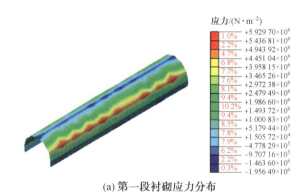

(a) 第一段衬砌应力分布

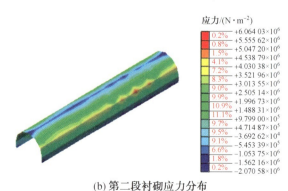

(b) 第二段衬砌应力分布

图 5.16　隧道衬砌各段应力分布

第 5 章　不同冻融循环次数工况下寒区隧道冻害分析

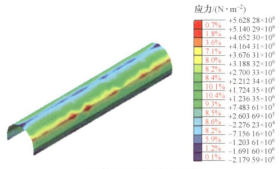

(c) 第三段衬砌应力分布

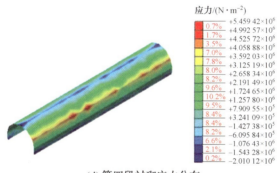

(d) 第四段衬砌应力分布

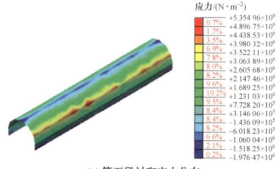

(e) 第五段衬砌应力分布

续图 5.16

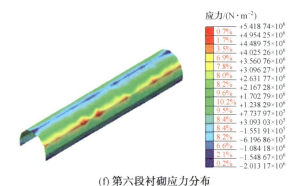

(f) 第六段衬砌应力分布

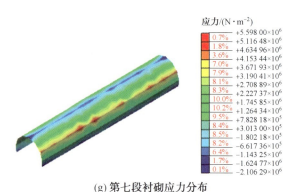

(g) 第七段衬砌应力分布

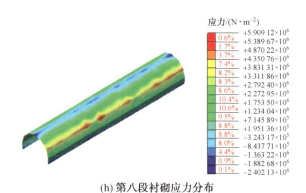

(h) 第八段衬砌应力分布

续图 5.16

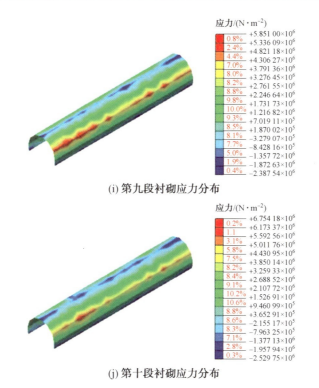

(i) 第九段衬砌应力分布

(j) 第十段衬砌应力分布

续图 5.16

从图 5.16 可以看出,由于产生冻胀的位置相同(均为拱肩位置),衬砌的应力分布形式也相同。由于拱肩位置围岩的冻胀产生向外的膨胀而处于受拉状态;在两侧拱肩的共同作用下,隧道衬砌顶部位置处于被挤压状态,而产生压应力。对比隧道各段应力的大小,发现衬砌拉应力、压应力与温度场的温度相关。由于隧道洞内各位置温度呈抛物线分布,围岩的冻胀程度不同,导致衬砌各点产生不同大小应力。隧道出口段(第十段)温度最低,所以拉应力、压应力的最大值均产生于此段。经过 12 次冻融循环后,衬砌的最大拉应力为 6.759 MPa,最大压应力为 2.53 MPa。隧道第二段(距洞口 40～120 m)产生的拉应力、压应力次之,最大拉应力为 6.06 MPa。隧道衬砌整体受力最小的部位为第五段区间,最大拉应力为 5.35 MPa,最大压应力为 1.98 MPa。综合隧道受力情况,拱顶的压应力在降温前后,始终满足混凝土的工程力学要求。拱肩处冻胀产生的最大拉应力已经超过了素混凝土的抗拉强度,所以具有围岩冻胀而产生破坏的危险性,说明寒区围岩为饱和砂岩,冻融荷载循环次数达到 15 次的工况下,喷射素混凝土时应该加设钢筋网,或者利用钢筋混凝土衬砌的方式进行加固。

5.5 冻融循环 16 次工况隧道围岩分析

5.5.1 模型参数的确定

以第 2 章砂岩冻融循环实验研究数据为基础,建立了冻融循环次数的损伤因子表达式,得到了 16 次冻融循环时砂岩的损伤因子,根据损伤基本原理计算获得此时砂岩的弹性模量。利用饱和砂岩冻胀实验研究结论,获得饱和砂岩冻胀应变与温度之间的关系表达式,应用到饱和砂岩的温度场中,可以得到冻融循环 16 次工况下有限元参数,见表 5.8。

表 5.8 冻融循环 16 次工况下有限元参数

段号	位置/km	温度/℃	E_0/GPa	D_{16}	E_{16}/GPa	$\varepsilon_{16}/(\times 10^{-3})$
1	0.03	−7.34	52.57	0.56	23.26	2.051
2	0.09	−5.38	52.57	0.54	24.41	1.927
3	0.15	−3.98	52.57	0.52	25.25	1.839
4	0.21	−3.13	52.57	0.51	25.73	1.788
5	0.27	−2.83	52.57	0.51	25.94	1.767
6	0.33	−3.08	52.57	0.51	25.78	1.783
7	0.39	−3.88	52.57	0.52	25.31	1.833
8	0.45	−5.24	52.57	0.53	24.52	1.917
9	0.51	−7.15	52.57	0.56	23.26	2.049
10	0.57	−9.61	52.57	0.58	21.94	2.193

应用雾凇岭隧道尺寸和表 5.8 的参数建立有限元模型。模型的边界约束施加方式为:底面施加固定荷载,侧面施加垂直于该平面的单向约束。对建立的有限元模型分别施加重力荷载模拟原始地应力状态;在拱肩位置施加温度荷载,并在模型整体施加自重,模拟温度荷载作用,对位移及应力进行分析。

5.5.2 位移分析

1. 竖向位移

隧道工程的使用过程中,如果设计或施工出现问题,会经常出现顶板沉降量过大而引起的衬砌裂纹、开裂甚至大块混凝土脱落的现象,对隧道交通的正常运营带来了很大危害。特别是在高寒地区,在自重及冻胀的双重作用下,竖向位移发生了重新分布,本研究对围岩经历 16 次冻融循环后,施加温度荷载前后的衬砌竖向位移进行分析,如图 5.17 所示。

图 5.17(a)所示为施加温度荷载前,仅考虑重力荷载作用下,围岩隧道模型的竖向位移,可以看出最大位移为 1.09 cm,出现在模型上表面,说明围岩冻融循环 16 次后,弹性模量下降严重;隧道衬砌顶板沉降值为 8.94 mm,边墙沉降值为 8.25 mm,底板沉降值为 5.5 mm。所以在该工况下,隧道净空由于围岩的损伤而减小,说明隧道衬砌经过多年的冻融损伤后,在常温季节也要进行及时的监测和有效加固。图 5.17(b)所示为饱和砂岩在经历 16 次冻融循环后,施加温度荷载到负温而发生冻胀时,在重力荷载与荷载共同作用下,围岩隧道的整体竖向位移。从图 5.17(b)可以看出,在拱肩处产生的膨胀位移作用下,顶板的沉降值减小为 7.02 mm,而最大竖向位移的位置发生改变,在边墙位置和围岩顶板同时出现了沉降的最大值(为 1.02 cm)。此时,除边墙位置要注意加强沉降观测外,拱肩位置产生拉裂破坏的危险性增强。

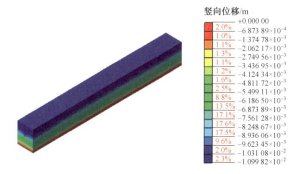

图 5.17 围岩整体沉降

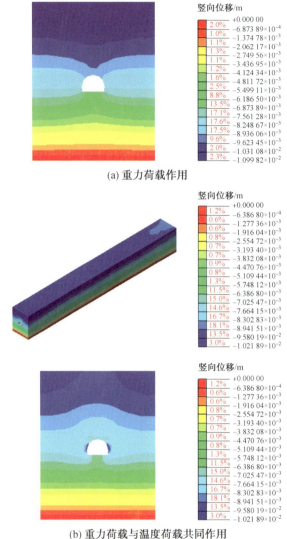

(a) 重力荷载作用

(b) 重力荷载与温度荷载共同作用

续图 5.17

2. 水平位移

在重力荷载作用下,由于介质的连续性,围岩及衬砌均会产生水平方向的变形及应力。所以对寒区围岩隧道模型的水平位移进行分析,如图 5.18 所示。

从图 5.18(a)中可以看出,围岩边墙位置产生的水平位移最大,主要破坏形式为指向洞内的内鼓,最大位移值为 3.87×10^{-4} m。为了模拟冻胀效果,将温度荷载施加于拱肩处,在重力荷载与温度荷载共同作用下,位移的分布形式及大小均发生了重新分布的现象。图 5.18(b)表明,在温度荷载作用下,拱肩处产生的水平位移最大(为 4.48 mm),说明温度荷载作用使隧道水平破坏的危险性增强,所以在寒区饱和砂岩中要注意拱肩处保温和加固。

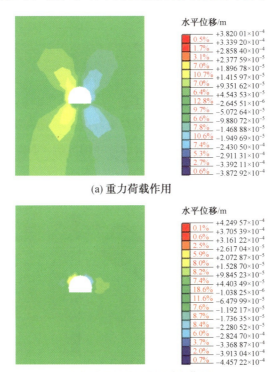

图 5.18 围岩整体水平位移

5.5.3 应力分析

从围岩隧道的有限元分析中可以发现,寒区围岩冻融循环 16 次后,在低温产生冻胀,隧道衬砌的竖向位移和水平位移均增大,所以相应的隧道衬砌也会发生应力重分布,使一些部位发生应力突变而发生破坏。为分析寒区隧道衬砌状态,在围岩重力荷载与温度荷载的共同作用下,隧道衬砌整体应力分布如图 5.19 所示。

由图 5.19 可以看出,最大压应力为 3.11 MPa,最大拉应力为 7.17 MPa,

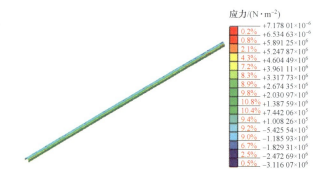

图 5.19　隧道衬砌整体应力分布

压应力主要产生于衬砌顶板位置,拉应力最大位于拱肩位置。由于沿隧道纵向分布各位置温度不同,所以取各温度段进行详细分析,可以得到如图 5.20 所示的隧道各段应力分布。

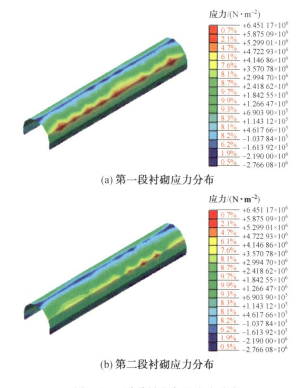

(a) 第一段衬砌应力分布

(b) 第二段衬砌应力分布

图 5.20　隧道衬砌各段应力分布

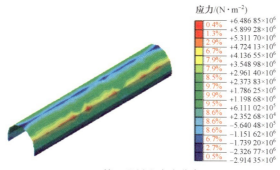

(c) 第三段衬砌应力分布

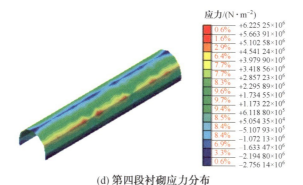

(d) 第四段衬砌应力分布

(e) 第五段衬砌应力分布

续图 5.20

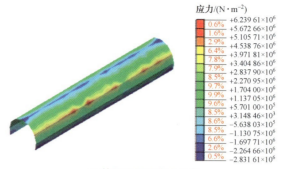

(f) 第六段衬砌应力分布

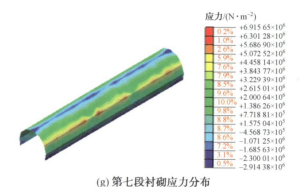

(g) 第七段衬砌应力分布

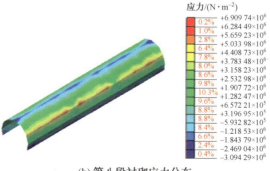

(h) 第八段衬砌应力分布

续图 5.20

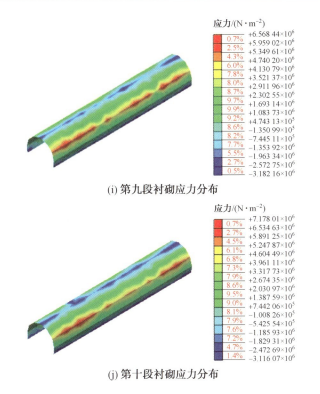

(j) 第十段衬砌应力分布

续图 5.20

从应力分布形式来看,围岩经 16 次冻融循环后,各温度段内隧道衬砌产生的应力形式相同,均在拱顶位置产生了压应力,在拱肩位置产生拉应力,边墙底部以压应力为主。其原因主要是饱和砂岩在拱肩处施加温度荷载后,该位置水体冻胀,在膨胀作用下,使衬砌拱肩产生拉伸变形,而拱顶位置产生挤压变形。对比隧道各段应力值的大小,由于第十段位置的温度最低,产生冻胀应变最大,所以该位置的拉应力最大(为 7.18 MPa);最大压应力则产生于第九段(距洞口 480~540 m 处),最大压应力为 3.18 MPa。位于隧道中间位置的第五段(距离洞口 240~300 m)温度最高,所以受到的拉应力和压应力最小,处于相对安全状态,该位置产生最大拉应力为 6.12 MPa,最大压应力为 2.75 MPa。综合分析隧道受力情况,在经历 16 次冻融循环后,围岩的弹性模量减小,冻融应变增大,冻胀力增加,隧道衬砌拉应力、压应力均增加。由于混凝土的材料特点,降温后拱顶的压应力始终满足工程要求,但各温度段的衬砌拱肩位置受到的拉应力超出了素混凝土的抗拉强度,实际工程中应采用钢筋网或钢筋混凝土衬砌等防护加固措施,增加拱肩处衬砌的抗拉强度,满足隧道工程的正常使用和运营。

5.6 本章小结

寒区围岩在经过多次冻融循环作用后,在围岩中由于冻胀而发生裂纹的萌生、发展,从而引起围岩的冻胀及隧道衬砌的变形与破坏。实际工程围岩中存在着大量的微孔洞和微裂隙,在冻融循环和外荷载的反复作用下,这些微缺陷开始萌生、扩展汇合并最终至形成宏观裂隙,威胁着寒区隧道的稳定性。所以本章以损伤理论为研究基础,推导得到不同循环次数下饱和砂岩的损伤规律,对围岩不同损伤状态下隧道的位移及应力分布进行了模拟分析,初步得到以下结论。

(1)随着冻融循环次数的增加,寒区围岩弹性模量逐渐减小,并且与循环次数呈指数变化规律。

(2)按照冻融破坏以损伤60%的标准,当围岩温度为−25 ℃时,饱和砂岩经历1次冻融循环就有破坏的危险性,所以寒区隧道围岩应该加强防水和增设保温措施。

(3)常温下,寒区隧道随着冻融循环次数的增加,衬砌顶板及围岩的沉降值变大,所以对使用多年的隧道不仅要加强衬砌的及时加固,还要对围岩采取一定的加固措施。

(4)在温度荷载作用下,边墙的破坏趋势随着循环次数的增加而加剧,特别是拱肩位置,应该采取增加纵向钢筋的方式增加衬砌的抗拉强度。

(5)对比多次冻融循环后发现,隧道衬砌的最大拉应力始终出现在温度最低的洞口位置,而最小拉应力则位于温度最高的中间段。

(6)隧道入口段由于温度荷载较低,所以围岩在经历多次冻融损伤后,也要对该处采取加固,防止产生拉裂破坏。

第6章　隧道冻融损伤防治技术

冻土在我国分布广泛,由于冻融循环的往复作用,致使围岩内部的裂隙不断扩展,造成围岩力学性能的损伤。随着裂隙的发展,围岩空隙内由于水体的相变产生更大的体积膨胀。在冻胀力作用下,隧道衬砌产生变形的增加、应力的集中,导致围岩出现破坏和失稳,对寒区隧道的设计、施工及灾后的加固维修都带来很大的影响。随着高铁建设的快速发展,逐步形成了一套适合我国高纬度和高海拔寒区的高铁隧道防冻技术,丰富了我国隧道防冻及加固技术。

6.1　隧道防排水技术

寒区隧道防水、排水成功的标志是:没有发生因含水围岩冻结产生的冻胀力而破坏衬砌层;没有发生地表、地下水渗入洞中而产生洞内挂冰、路面结冰;没有发生排水设施被冻而功能失效;洞外路堑没有发生春融结冰和地表水反流。寒区隧道工程(特别是永久性冻土区隧道工程)防水、排水技术措施分洞内与洞外两部分。

(1)永久性冻土隧道洞内设一般排水沟即可,主要功能是承接永久性冻土围岩暖季融化渗出的少量孔隙水和裂隙水。在洞口路堑段应设置天沟防止冰雪融化成水渗入路堑。

(2)局部永久性冻土隧道通常是进出口段为永久性冻土,中间段为非永久性冻土。隧道非冻结段围岩一般含水且有常年性地下水补给。

(3)非多年冻结隧道无论是在大片连续永久性冻土区内还是岛状冻土区内分布均很广泛,气温在0℃左右的非永久性冻土区的隧道均属此类。这类隧道包括三种情况:①隧道之上均被永久性冻土层覆盖;②隧道之上有零星永久性冻土分布;③隧道范围均为非永久性冻土。此类隧道冻害很严重,但若防排水措施恰当、合理,冻害是可以得到很好控制的[51]。

6.1.1 隧道工程渗漏原因分析

隧道在具体的施工过程中会遇到地下水渗入洞内的情况，不仅影响了正常的施工进度，增加支护结构成本，还影响公路隧道的整体质量和安全，针对这种情况的发生主要的原因有以下几种。

(1)隧道防水层失去作用。在隧道进行具体的施工过程中由于防水材料厚度、质量和强度等多方面原因，可能会造成其防水层的防水功能降低。除了材料本身的原因外还有可能是施工时对防水层进行破坏，导致公路隧道的防水层失去作用，发生渗漏问题。

(2)隧道接缝处防水能力差。隧道施工过程中一般采用衬砌结构对洞顶进行支护后再对隧道内的墙体进行施工操作，并对之进行接缝处理，这样可能会导致衬砌结构的衔接缝隙变宽，从而使隧道的防渗水能力降低。

(3)衬砌防水混凝土失效。隧道进行防排水设计时通常采用钢筋混凝土结构进行衬砌，不仅达到防渗漏效果，还可以大大提高隧道支护结构的承重能力。如果在施工过程中混凝土配合比不合理或水泥用量不符合设计图纸要求而超过规范标准范围时，会出现混凝土抗渗效果大大降低，从而导致地下水从混凝水结构缝隙中渗入隧道内部[53]。

6.1.2 寒区隧道防排水

1. 寒区隧道防排水设计

寒区隧道冻害产生的根本原因之一是隧道内防排水系统的失效。目前，我国隧道防排水设计理论是"以排为主、防排结合"，但并未过多考虑洞内的低温对防排水系统的影响，当排水系统设置在冻结温度以上时，排水管沟本身就会冻结，冻结的水并不能有效排出洞外，导致形成了一个"冰坨管"。寒冷地区隧道防排水技术措施主要有侧式保温水沟、中心深埋水沟和防寒泄水洞，其主要思路是通过排除衬砌背后围岩中的地下水，从而达到减轻或消除冻害的目的。保证寒区隧道远离冻害的关键因素是设置完善、具有保温性能的防排水系统，从而保证防排水系统在冰冻期内不冻结。最冷月平均气温在$-10 \sim 0\ ℃$的寒冷地区，水沟可考虑不设保温措施，调查资料显示水沟也无冻结现象，但为防止衬砌结构冻害,工程可采用衬砌内敷设保温材料保护衬砌。最冷月平均气温在−15～−10 ℃、冬季有水且水量不是很大的隧道,可采用侧式保温水沟,水沟上敷设双层保温盖板。最冷月平均气温在−15～−10 ℃、冬季有水且水量较大的隧道,最大冻结深度小于 1.0 m,一般采用中心深埋水沟,水沟埋置深度应在冻结线以下,将中心水沟放在仰拱结构层中,若最大冻结深度在 1～2.5 m 之间,应考虑将中心深埋水沟放在仰拱结构层之下,施工时先施工中心深埋水沟,再施工仰拱结构层及回填,且为方便检修,水沟深度一般不宜小于 1.0 m。最冷月平均气温低于−25 ℃、冬季有水的隧道,黏性土冻结深度大于 2.5 m,应设置防寒泄水洞[53]。

2. 寒区隧道防排水施工

(1)防水层施工。

防水层在长期运营过程中损伤的主要原因是由于喷射混凝土表层不平滑。在隧道建设过程中为了保护防水层长期运营阶段不受破坏,需要采取相应的工程措施。

①在铺设防水层前,将喷射混凝土表面的螺栓端部剪断并弄平,对喷射混凝土表面明显凸起部分进行处理。

②喷射混凝土的过程中,喷射的工人须有足够的经验,加强喷射的水平,并增强对相关技术人员、监督管理人员的指导、管理和监督。

③喷射混凝土完工后,采用相应的表面抹平措施,即手工抹平和铁铲抹平,虽然效果比其他措施更明显,但施工起来较为麻烦且费时费力。

总体来说,主要原因是由于开挖控制不严格造成喷射混凝土表面不平整。所以,隧道开挖的质量要严格把控,在此基础上对喷射混凝土的局部表面进行降糙处理,降糙处理如下。

①要对Ⅴ级及以上的围岩表面进行抛光处理。Ⅴ级及以上围岩在开挖后应力重分布导致变形较大。因此,喷射混凝土表面应仔细打磨,喷射混凝土表面应用砂浆打磨,从而减少混凝土表面的粗糙度。

②Ⅳ级围岩环强化抛光。与Ⅴ级及以上围岩相比,Ⅳ级围岩的变形相对较小,可考虑喷混凝土表面沿环方向用水泥砂浆进行加固,用筋带表面打磨。

③Ⅳ级以下隧道围岩表层喷砂浆。即使在爆破效果相对良好的情况下,喷

射混凝土的表面粗糙程度仍然很高,有必要将喷射混凝土进行表面降糙处理,使其表面光滑耐磨。一种简单的降糙方法是在原有的喷射混凝土表面再进行水泥砂浆的喷射,尽可能达到砂浆表面平整的效果。

(2)排水体系施工。

①无接头止水带安装工艺。

止水带的无接缝施工方法不同于常规的止水带施工方法。止水带的施工沟按模筑衬砌仰拱的环形,施工缝的宽度提前留出。在布置止水带前,把顶部止水带上的钢筋固定在衬砌混凝土的模板上,并把止水带的下部插入预留的施工孔内。将顶端的止水带上的钢筋直径固定在模筑衬砌砼的模板上面,并将止水带的最下端嵌入预留的施工孔内。在安放止水带时,首先要将顶部的止水带用钢筋直径卡固定在模筑衬砌砼的顶端模板上,再将止水带的最下端卡入提前预留好的安装槽中;然后,用建筑防水混凝土固定插入在安装槽中的止水带;最后,浇灌模筑的衬砌用混凝土。

②止水带施工工艺。

复合型橡胶止水带是对圆形施工缝隙防渗先排后堵的一类新型止水带,主要由翼缘、绕圈子、止浆滤水带和胶条等构造而成,以绕圈子和翼缘为基础,将止浆滤水带连接于翼缘上,与绕圈子构成了排水管道。可排水的橡胶止水带或内置式止水带通常设置于衬砌厚度的中部,以横断模筑衬砌环或施工缝。当部分渗水物在通过止浆滤水带后,顺着钢筋和止水带之间的空隙流淌会遇到粘贴在止水带翼缘上橡胶条的围堵,从而使渗水沿横向流动的阻力增大,使止水带的止水能力得到提高。

③环向排水管。

在防水涂料和模筑衬墙之间,设置了环向式排水系统。隧道的防排水措施要做到层层设防,层层排除。目前在工程上普遍被忽视的情况是在防水涂料和模筑衬砌段间没有排水管道,而通过防水层的地下水又无法进入隧洞的内部排水,所以要在隧道围岩渗水量较大的模筑衬砌段的中间、在防水涂料和模筑衬砌段间设置环向导流管,方法是用土工布包住有洞的波纹导流管,然后再用专用胶水将其粘到防水涂料的表面上[54]。

6.2 寒区隧道防寒保温措施

6.2.1 寒区隧道防寒保温结构设计措施

1. 寒区隧道选址

将冻土厚度、长度作为确定隧道位置的重要内容,优先选择无冻害岩土段设隧道,无法避免时选择冻土薄、穿越冻土距离短的路线方案设隧道。另外,隧道全部位于多年稳定冻土区优于穿越多年不稳定冻土区和季节性冻土区。寒区隧道洞口宜选在地下水不发育、水位低、温度高、纵坡陡、少雪阳面坡,避免选在地下水发育、水位高、温度低、坡面平缓、多雪阴面坡;永久性冻土区的隧道洞口应避开冰丘、冰锥、融冻泥流、热融沉陷与滑塌等不良地质区。为防雪崩,洞口应避开厚层积雪陡坡。为减少洞内外热交换,寒区隧道轴线应与冬季主导风向大角度相交或垂直,尽量避免与冬季主导风向平行或小角度相交,避免出现"冬季穿堂风",无法避免时,洞口段宜设平曲线加大洞口轴线与风向的夹角。寒区隧道宜设成人字坡,利于洞身地温地下水流向两端低温洞口,适当加大洞口纵坡利于地下水快速排出,减少洞内地下水热量损失[55]。

2. 设置保温材料

在隧道内设置保温材料的目的是减小冻融圈的发展。利用材料的低导热性阻止或降低围岩、衬砌与冷空气之间的热传递,可以有效降低洞身周围永久性冻土的融化和季节冻深的发育。目前,工程中常用的保温材料主要包括酚醛板、聚氨酯保温板、聚苯乙烯板、橡塑、福利凯保温板、岩棉、干法硅酸铝纤维材料以及新型的玻化微珠保温砂浆等。

保温材料按照其铺设位置的不同,可分为四种:①表面式,将保温材料直接铺设在衬砌表面;②夹层式,在衬砌和初次支护之间铺设保温材料;③双层式,在衬砌和初次支护之间以及衬砌表面同时铺设保温材料;④离壁式,保温材料铺设在衬砌表面,但是二者之间存在一层密闭空气。需要指出的是,当采用表面式铺设时,由于材料直接与空气接触,受洞内日常检修和列车的气体排放、气温的正负交替作用的影响,应着重考虑材料的抗老化性能以及可燃性。当采用夹层式铺设时,材料的抗压强度应作为主要的考量因素。在确定保温材料铺设方式时,应充分考虑不同铺设方式的优缺点,结合工程特点和气候条件因地制宜地选择铺设方式,才能最大限度地发挥隔热保温作用,减少后期维护成本[56]。

6.2.2 寒区隧道防寒保温施工措施

1. 主动保温措施

目前,我国比较常见的主动保温措施有电伴热技术、地源热泵技术。通过现场温度实测和数值模拟,分析保温层的长度、厚度和适应范围,提出寒区隧道电热膜加热保温系统。但高海拔严寒地区长时间的低温条件使得电能消耗巨大,于是地热能作为一种清洁能源被应用到隧道保温中并逐渐形成了地源热泵技术。为减轻高寒地区隧道冻害问题,随着地源热泵技术的进步,基于浅层地热能的能源隧道保温措施被提出。在日照强烈的地区,可以在隧道口处设置阳光棚,通过白天吸收太阳辐射来升高洞口周围空气温度,再通过车辆流通把热空气代入洞内,使得洞内温度升高并达到正温,晚上气温下降时,通过关闭保温门来阻止冷空气进入隧道,使隧道一直处于正温状态。该方法的优点是可以有效的利用太阳能,节约电力资源,适合于我国日照强烈的内陆省份[57]。

2. 被动保温措施

保温隔热措施属于被动保温方式。由于围岩、衬砌和冷空气之间的热交换系数很大,隧道贯通后冷空气的流动将带走大量热量,设置保温隔热层能有效阻止围岩、衬砌与冷空气之间的热传递。目前常用的被动保温措施有保温门和空气幕两种。

①设置防寒保温门。

对于寒区隧道,冷空气的对流作用是导致洞内热量散失的主要途径。在隧道进出口设置防寒保温门,可以阻止和减缓冷空气的对流作用,能在冬季寒冷期间阻挡大部分的寒冷空气侵入隧道,提高冬季隧道内空气的平均温度,能限制隧道围岩季节冻结圈的深度,防止隧道水沟冻结,如青海省宁张公路大坂山隧道及东北林区的兴安岭隧道均在洞口设置了防寒保温门,在实际运营中起了较好的效果。

②采用空气幕技术。

采用空气幕技术是隧道辅助保温措施之一,其作用类似于隧道洞口的防寒保温门。由于空气是热的不良导体,在寒冷季节利用隧道洞口设置空气幕,也可以减少隧道内部热能和外界冷能的交换,保持洞内较高温度。在永久性冻土地区隧道冬季保持相对较高的洞内温度,对缓解隧道冻胀及保证隧道排水系统的畅通都具有重要意义,也有利于对洞口风吹雪的防治。与防寒保温门相比,采用空气幕技术的最大优点是不影响行车,管理简单,维护、检修方便[58]。

6.3 低温混凝土施工

低温下施工的混凝土需要采取一定的措施,改善混凝土硬化过程中的抗冻能力问题,减小硬化水泥浆体的受冻性和游离水含量。目前常使用两种方法,一种是改良混凝土材料,另外一种是在施工过程中采取对材料的保温措施。

6.3.1 混凝土材料改良

1. 双掺法

双掺法可以有效改善、提高混凝土抗侵蚀能力。可选择优质粉煤灰和磨细矿粉,该掺合料具有较高的力学性能和耐久性能。首先,矿粉与粉煤灰的结合可弥补矿粉颗粒表面的粗糙和不规则缺陷,使新拌混凝土具有较好的流动性和可泵性能;其次,水泥颗粒和粉煤灰等可以填充至粗细骨料空隙之间,优化各组材料级配,降低混凝土的孔隙率,提高其密实度,混凝土密实度的提高直接影响内部液态水存在的概率,进而增强了混凝土的抗冻性和抗渗性。

2. 外加剂

在混凝土中添加外加剂,使新拌混凝土中水成为溶液而冰点降低。寒区混凝土需有低温、早强、耐久、耐腐蚀的要求。在混凝土制作过程中,需要加入高效减水剂、高效引气剂等外加剂。

3. 配合比

配合比选定的是否合理直接影响混凝土结构的使用寿命和质量。寒区隧道衬砌配合比设计时除了需要考虑强度满足标准外,还必须兼顾其抗渗和抗冻融的要求,其中水灰比是影响混凝土强度的主要影响因素。当水灰比较小时,不能有足够的水分与水泥水化,以致硬化后的混凝土含有未水化的水泥质点;当水灰比过大时,蒸发掉的多余水分会在水泥石内部形成毛细孔,一旦毛细孔内的水分发生冻胀时就会对混凝土产生裂化影响。已有研究表明,寒冷地区适宜的水灰比值为0.4~0.5[7]。

6.3.2 寒区混凝土施工措施

由于高寒地区特殊的地理位置和天气特征,在该地段施工时难度较大,对混凝土的施工质量有很大影响[59]。在寒区隧道混凝土施工的整体过程中,均需要采取特殊措施,确保混凝土的低温影响降到最低。

首先,要对原材料进行加温,如在拌合场内建立防风保温棚、棚内设立搅拌站、利用蒸气对砂石加热、砂石料均匀堆放在加热管上并覆盖塑料彩条布保温、施工用水依靠锅炉蒸汽通入水箱进行加温(搅拌时水温不应超过65 ℃,若水温过高,可在水箱内加冷水降温)。

其次,在混凝土搅拌时,先将加热的砂石料和水泥搅拌均匀,后加水搅拌,以减少热量损失。由于环境温度低,一般运输车在运输过程中的热量损失比较大,难以保证入模温度,前期拌合站设置在洞口附近的保温棚内,后来在洞内条件具备后,将搅拌站移入洞内,尽量靠近砼浇筑现场,缩短运输距离。同时在运输车上设置5 cm厚的木板保温层,并在顶部覆盖篷布,制成混凝土运输保温车,保证混凝土入模温度不低于5 ℃。

再次,混凝土浇筑时,混凝土浇筑温度与结构使用温度之差决定结构收缩应力的大小,因此要求该温差最小。根据隧道所处地理环境,在施工时混凝土的入模温度不低于5 ℃,在混凝土浇筑过程中,根据不同情况采用局部分隔加热和施工台上用炉火加热的办法。隧道内施工干扰较大,通风出碴时,空气对流较为频繁,洞内温度变化较大,较难控制。为了减少入模混凝土模板与外部热交换量,采取在钢模板内侧增设2 cm厚的薄木板保温层,降低钢模的导热系数。

最后,在浇筑和养护过程中,为了给混凝土提供较高的保养温度,对隧道进出口进行遮挡,以控制隧道洞内外的热量交换,出碴排烟时拉开,平时关闭,仅留人行狭窄通道,并在进出口位置设锅炉,给洞内加温,使洞内混凝土始终保持在 5 ℃以上,以缩短混凝土的养护时间,并确保混凝土质量[60]。

6.4 寒区隧道施工设备选择

6.4.1 严寒条件对施工设备的影响

1. 对以内燃机为动力的机械的影响

在隧道的主要施工机械中,有较多机械广泛采用内燃机作为动力机械,如内燃空压机、衬砌台车、轮式侧卸装载机、立爪式装渣机和自卸汽车等。严寒条件对以内燃机为动力工程机械的影响主要有几个方面:功率下降,油耗上升;热负荷增加,排放恶化;故障增多,使用寿命缩短,性能改变,启动困难。

2. 对工程机械整机性能的影响

(1)牵引功率下降,整机出力不足。

(2)牵引比油耗上升,经济性变差。

(3)行驶速度下降,加速过程延长,加速性能变差,直接影响整机的作业循环时间及生产率。

(4)系统温度超过允许范围,热负荷增加,严重影响整机工作可靠性。

(5)起动性能变差,冬季整机起动十分困难,工作装置动作迟缓无力[61]。

6.4.2 工程机械低温适应性及其对策

1. 柴油发动机低温启动措施

固定式机械设备(如发电机、固定式内燃压风机等)要建机房,机房内采用暖气、电热炉或火墙来保温加热,安装火焰预热装置等措施保证发动机高原低温启动;小型车辆建车库保暖、冷却液加热启动等措施保证设备的低温正常启动;在低温状态下蓄电池的容量减小,放电能力降低,因此对机械设备要采用低温性能好的大容量干式免维修蓄电池、蓄电池预热及两块蓄电池并联等方式提高放电能力,也是保证柴油机低温启动的一项措施;对于大型工程机械及自卸车,还可采用乙醚低温辅助启动、进气预热启动、冷却液加热启动、启动液辅助启动和增设离合器等措施实现低温启动。

2. 材料和油品选择

使用抗老化、抗紫外线、抗低温的密封件、结构件和易损件,要求其在低温下具有较好的冲击韧性。传动使用的油料必须满足凝点低和闪点高的要求,润滑油在低温具有良好的黏温性、分散性。燃油根据气温选择含蜡量少的轻质柴油,6~8月选择0号柴油,冬季10月至次年3月选择-40号柴油,其他月份选择-20号柴油[62]。

6.5 本章小结

寒区隧道冻融防治技术是针对寒冷地区隧道在冬季因低温导致的冻害问题所采取的一系列技术和措施。本章对冻融损失的防治技术进行了综合分析,主要得到以下结论。

(1)通过设计合理的防排水系统,可有效减少隧道内的渗漏水现象,降低冻害发生的可能性。

(2)在隧道内采用保温材料和保暖措施,如保温板、保温涂料等,有效减少隧道内的温度损失,防止水分渗入和结冰。

(3)加强低温混凝土的施工和管理,即在隧道施工过程中采取保温材料和保暖措施,提高隧道的防冻能力,提升隧道结构的抗冻性能。

(4)低温的环境条件下,对施工设备和操作都提出了特殊的要求。寒区隧道施工需要综合考虑环境条件和施工需求,选择合适的施工设备和采取相应的技术措施,以确保施工的安全、高效和质量。

参 考 文 献

[1] 杨善勤,蒋明,陈启高,等. GB 50176—2016 民用建筑热工设计规范[S]. 北京:中国建筑工业出版社,2016.

[2] 马巍,王大雁. 中国冻土力学研究 50a 回顾与展望[J]. 岩土工程学报, 2012,34(4):625-640.

[3] 张伟. 寒区隧道洞口段纵向冻胀力研究[D]. 兰州:兰州交通大学,2021.

[4] 苏林军. 寒区隧道冻害预测与对策研究[D]. 成都:西南交通大学,2007.

[5] 巩江峰,王伟,王芹,等. 截至 2023 年底中国铁路隧道情况统计及 2023 年新开通重点项目隧道情况介绍[J]. 隧道建设(中英文),2024,44(2):377.

[6] 吴紫汪,赖远明. 寒区隧道工程[M]. 北京:海洋出版社,2003.

[7] 赵玉报. 高原高寒隧道围岩冻胀行为及施工对策研究[D]. 成都:西南交通大学,2015.

[8] 谌彪. 冻融循环作用下花岗岩损伤特性的实验研究[D]. 武汉:武汉理工大学,2020.

[9] 申艳军,杨更社,荣腾龙,等. 岩石冻融循环实验建议性方案探讨[J]. 岩土工程学报,2016,38(10):1775-1782.

[10] 方云,乔梁,陈星,等. 云冈石窟砂岩循环冻融循环实验研究[J]. 岩土力学,2014,35(9):2433-2442.

[11] 路亚妮,李新平,肖家双. 单裂隙砂岩冻融力学特性实验分析[J]. 地下空间与工程学报,2014,10(3):593-598.

[12] 泮晓华,唐朝生,施斌. 微生物矿化作用改善不同孔隙砂岩抗冻融特性实验研究[J]. 高校地质学报,2021,27(6):723-730.

[13] 吴冠男. 冻融循环条件下含弧状裂隙类岩石的裂纹扩展机理和力学特性研究[D]. 济南:山东大学,2021.

[14] ZHANG H M, YUAN C, YANG G S, et al. A novel constitutive modelling approach measured under simulated freeze-thaw cycles for the rock failure[J]. Engineering with Computers, 2021, 37(1):779-792.

[15] SONDERGELD C H, RAI C S. Velocity and resistivity changes during freeze-thaw cycles in Berea sandstone[J]. Geophysics, 2007, 72(2): E99-E105.

[16] PARK C, SYNN J H, SHIN H S, et al. Experimental study on the thermal characteristics of rock at low temperatures[J]. International Journal of Rock Mechanics and Mining Sciences, 2004, 41:81-86.

[17] 徐光苗,刘泉声. 岩石冻融破坏机理分析及冻融力学实验研究[J]. 岩石力学与工程学报, 2005, 24(17):3076-3082.

[18] 刘红岩,刘冶,邢闯锋,等. 循环冻融条件下节理砂岩损伤破坏实验研究[J]. 岩土力学, 2014, 35(6):1547-1554.

[19] 何国梁,张磊,吴刚. 循环冻融条件下岩石物理特性的实验研究[J]. 岩土力学, 2004, 25(S2):52-56.

[20] 杨更社,奚家米,李慧军,等. 三向受力条件下冻结岩石力学特性实验研究[J]. 岩石力学与工程学报, 2010, 29(3):459-464.

[21] 周科平,许玉娟,李杰林. 冻融循环对风化花岗岩物理特性影响的实验研究[J]. 煤炭学报, 2012, 37(S1):70-74.

[22] 母剑桥,裴向军,黄勇,等. 冻融砂岩力学特性实验研究[J]. 工程地质学报, 2013, 21(1):103-108.

[23] 罗学东,黄成林,彤增湘,等. 冻融循环作用下蒙库铁矿边坡砂岩物理力学特性研究[J]. 岩土力学, 2011, 32(S1):155-159.

[24] 闻磊,李夕兵,尹彦波,等. 冻融循环作用下花岗斑岩和灰岩物理力学性质对比分析及应用研究[J]. 冰川冻土, 2014, 36(3):632-639.

[25] 林战举,牛富俊,刘华,等. 循环冻融对冻土路基护坡块石物理力学特性的影响[J]. 岩土力学, 2011, 32(5):1369-1376.

[26] 王章琼. 武当群片岩冻融损伤特性实验研究[D]. 武汉:中国地质大学, 2014.

[27] 王鹏,许金余,方新宇,等.红砂岩吸水软化及冻融循环力学特性劣化[J].岩土力学,2018,39(6):2065-2072.

[28] 马志富,杨昌贤.自然气压差对寒区隧道气温场影响主导性研究[J].铁道工程学报,2021,38(10):60-65.

[29] 于丽,孙源,王明年.寒区隧道抗冻设防长度的计算方法研究[J].现代隧道技术,2021,58(4):21-28.

[30] 高越.寒区隧道围岩冻融损伤实验研究[J].资源信息与工程,2022,37(1):97-100.

[31] 张常光,高本贤,周渭,等.冻融循环和不均匀冻胀下寒区隧道的塑性解答[J].力学学报,2022,54(1):252-262.

[32] 李中英,崔永鹏,贾剑青,等.冻融循环条件下寒区隧道长期稳定性[J].科学技术与工程,2022,22(5):2032-2039.

[33] 陶琦.寒区隧道电热膜加热保温技术研究[J].铁道建筑,2022,62(1):130-134.

[34] 吴剑,郑波,方林,等.寒区隧道洞口保温层设防长度确定方法探讨[J].铁道标准设计,2021,65(10):81-86.

[35] 傅金阳,赵宁宁,肖欧辉,等.寒区隧道洞口仰拱混凝土早期开裂机理研究[J].地下空间与工程学报,2021,17(4):1298-1308.

[36] 马志富,杨昌贤.寒区隧道抗防冻设计标准研究[J].隧道建设(中英文),2021,41(11):1931-1942.

[37] 宋捷,孙迪,林立彬,等.寒区隧道排水沟出口防冻设计研究[J].北方交通,2021(10):73-77.

[38] 舒佳军,邓正定,黄晶柱,等.寒区隧道围岩冻胀破坏临界温度计算模型[J].中国安全科学学报,2021,31(12):113-120.

[39] WANG Q, LI Q L. Dynamic shear modulus of frozen soil under repeated cyclic loading [J]. IOP Conference Series: Earth and Environmental Science,2019,304(5):052046.

[40] 高焱.寒区高速铁路隧道温度场理论与保温技术研究[D].成都:西南交通大学,2017.

[41] 刘立军.寒冷地区隧道保温结构的研究[D].哈尔滨:哈尔滨工业大学,2011.

[42] 于丽,孙源,王朋年,等.考虑通风与围岩条件的寒区隧道温度场模型及作用规律研究[J].隧道建设(中英文),2019,39(S2):85-91.

[43] WANG Q, CHEN G, GUO E D. Analysis on characters of cross-fault tunnel under action of earthquake[J]. Applied Mechanics and Materials, 2012,166/167/169:2016-2019.

[44] 北川修三,川上义辉.寒冷地区的隧道变形与围岩冻胀性[J].隧道译丛,1987(3):14-34.

[45] 王琼,郭恩栋,杨丹,等.走滑断层位移作用下山岭隧道非线性反应分析[J].地震工程与工程振动,2010,30(2):119-122.

[46] WANG Q, CHEN G, GUO E D, et al. Nonlinear analysis of tunnels under reversed fault[J]. Indian Geotech J, 2017, 47(2):132-136.

[47] 夏才初,李强,吕志涛,等.各向均匀与单向冻结条件下饱和岩石冻胀变形特性对比实验研究[J].岩石力学与工程学报,2018,37(2):274-281.

[48] WANG Q, GUO E D, WANG Z R, et al. Research on earthquake resistant materials in mountain tunnels crossing fault[J]. Advanced Materials Research, 2010,1151:719-722.

[49] 王琼.跨断层隧道地震反应分析[D].哈尔滨:中国地震局工程力学研究所,2011.

[50] 刘泉声,黄诗冰,康永水,等.砂岩冻融疲劳损伤模型与评价指标研究[J].岩石力学与工程学报,2015,34(6):1116-1127.

[51] 吴紫汪,赖远明,藏恩穆.寒区隧道工程[M].北京:海洋出版社,2003.

[52] 朱希炜,隧道工程防排水施工技术分析[C]. Shanghai：Proceedings of 2022 Shanghai Forum on Engineering Technology and New Materials.

[53] 张旭东.严寒地区隧道保温及防排水技术研究[J].水电站设计,2022,38(2):5-7.

[54] 李鹏杰,赵科研.高海拔寒区隧道防排水技术与措施研究[J].价值工程,2023,42(3):131-133.

[55] 万建国. 我国寒区山岭交通隧道防冻技术综述与研究展望[J]. 隧道建设(中英文), 2021, 41(7):1151-1131.

[56] 姜海强, 寒区高铁隧道温度场演化特征及冻害防治对策研究[D]. 广州:华南理工大学, 2021.

[57] 乔雄, 杨小龙, 冯勇. 高海拔严寒地区隧道冻害研究现状及展望[J]. 隧道建设(中英文), 2024, 44(2):233-256.

[58] 张胜, 刘志楠. 寒区隧道抗防冻设计现状及评述[J]. 桥隧工程, 2011, 75(3):204-208.

[59] 赵以斌. 高寒高海拔隧道施工技术研究[J]. 中国高新技术企业, 2016(13):34-35.

[60] 刘玉良. 高海拔高寒隧道关键施工技术研究[D]. 天津:天津大学, 2004.

[61] 李德宏, 和永清, 此登, 等. 高海拔寒区隧道施工机械选型配套研究[J]. 公路交通科技(应用技术版), 2014, 10(1):196-198.

[62] 董玉辉. 高海拔寒区高速铁路隧道施工及抗防冻技术研究[D]. 成都:西南交通大学, 2014.